学习突围

迅速提升学习力水平的关键训练

常青 著

北京大学出版社
PEKING UNIVERSITY PRESS

内容提要

学习力能够决定一个人能走多远,是现代社会中每个人都不可或缺的能力。这是一本系统性介绍学习突围的书,通过学习方法、工具、模板与自我训练几大方面,从理论到实战,彻底教你搞定学习这件"小事"。

本书分为 4 篇,包括 12 个训练和学习力的百宝箱,分别介绍了如何树立正确的学习心态、高效学习的方法、如何自我管理及高效率的工具和资源,帮助读者搭建系统的个人知识体系,轻松掌握各种技能。本书特别适合广大学生、职场人士及对学习感兴趣的大众读者。

图书在版编目(CIP)数据

学习突围:迅速提升学习力水平的关键训练 / 常青著. — 北京:北京大学出版社,2022.5

ISBN 978-7-301-32938-2

Ⅰ.①学… Ⅱ.①常… Ⅲ.①学习方法 Ⅳ.①G791

中国版本图书馆CIP数据核字(2022)第042978号

书　　名	学习突围:迅速提升学习力水平的关键训练
	XUEXI TUWEI: XUNSU TISHENG XUEXILI SHUIPING DE GUANJIAN XUNLIAN
著作责任者	常　青　著
责任编辑	张云静　刘　云
标准书号	ISBN 978-7-301-32938-2
出版发行	北京大学出版社
地　　址	北京市海淀区成府路205号　100871
网　　址	http://www.pup.cn　新浪微博:@北京大学出版社
电子邮箱	编辑部 pup7@pup.cn　总编室 zpup@pup.cn
电　　话	邮购部 010-62752015　发行部 010-62750672　编辑部 010-62570390
印 刷 者	涿州市星河印刷有限公司
经 销 者	新华书店
	720毫米×1000毫米　16开本　13.75印张　215千字
	2022年5月第1版　2025年1月第4次印刷
印　　数	8001-10000册
定　　价	58.00 元

未经许可,不得以任何方式复制或抄袭本书之部分或全部内容。
版权所有,侵权必究
举报电话:010-62752024　电子邮箱:fd@pup.cn
图书如有印装质量问题,请与出版部联系,电话:010-62756370

前言

学习力是人生的破局点

桥水基金创始人、畅销书《原则》的作者瑞·达利欧曾说过：人和动物最大的区别就是人会通过学习成长来主动进化，而动物却只能依赖于环境的剧烈变化才会发生基因突变。

我的出身很平凡，但我却是一个因学习力而受益的幸运儿！这个"平凡"是什么概念呢？我是一个在农村长大的孩子，科班最高学历只是初中。其实造成这个结果的原因很简单，不是不想往上读，而是当时家里条件不好且学习成绩太差，实在是考不上高中。无奈，我和那些大多数你看到的早早辍学的人一样，初中毕业之后，只能在服务员、厂工、建筑工人等一些辛苦的角色中不断变换。

在这种状态下混了几年后，我意识到这不是我想要的生活，这样的人生没有任何意义。遭遇过社会"毒打"的我，带着一种不甘心，开始探索自己的成长路径。经过重重的迷茫和摸索，我发现了唯一能够自我救赎的路径——学习。

觉醒后，我开始大量阅读，在工作之外的时间，我不断地自学，以弥补当年教育的缺失。当我通过学习初步尝到了甜头以后，带着更强烈的学习热忱，把它迁移到别的领域，我发现同样有效，并且陆续掌握了英文、编程、各种乐器、办公室技能等诸多能力。

我的本业是互联网行业，这是一个随时都在发生变化的行业，在工作中，虽然有一些东西我没有接触过，但是我发现只要顺从某些规律，遵循一些学习的思路和方法，就可以比别人学得更好、更快。

学习力的提升让我在每一个阶段都能适应各个阶段的变化。随着我能做的事情越来越多，我也从小公司来到大公司，职位也从普通职员晋升到主管、经理，再到总监，最后成为公司负责人。

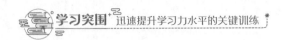

可以说，学习力成就了我，学习力改变了我的一生。

在我决定写这本书的时候，有好朋友问我这是不是一本讲学习方法的书，其实不是，学习力绝对不等于学习方法，高效的学习方法只是学习力的一部分，除了掌握高效的学习方法本身外，我们还需要掌握自我状态、时间、精力、学习计划等诸多管理的能力，以确保我们可以持续推进学习，高效地获得结果。

因此，这不是一本单纯讲学习的书，而更像是一本自我成长精进的手册，它提供的是一整套有关学习的解决方案。

全书分四篇，围绕成长路上最重要的十二个关键词进行训练，每章皆有联系：从整体上看，它是一套系统的学习和成长方法论；分开看，每一章都对应一个明确的问题，独立成章。

第一篇直面每一位学习者的四大痛点，即改变动力不足、学不进去、拖延症、无法进入专注状态。在这个板块中，会帮你树立一个高效正确的学习观念，帮助你解决学习心态的问题，让你从一个学不进去的人变成一个高效学习者、爱好学习者、终身学习者。

第二篇则进入具体的学习场景，讲解高效学习的方法。在该板块中，能够了解整套学习闭环，与此同时，能够了解五种打通闭环的方式及对应的五种能力：

信息搜索力——寻找；高效阅读力——输入；高效笔记力——思考；

超级记忆力——内化；写作输出力——输出。

第三篇的主题是做事习惯和自我管理。该板块围绕时间管理、精力管理、任务计划这三个话题展开，助力你成为一个高效的学习和生活管理者。

第四篇则分享一些高效率的工具和资源，比如高效搜集资料的渠道和工具、高效协作的工具箱等，这些都是我精心整理且对我帮助极大的资源。

无论你是在求学，还是身在职场，抑或是对自己要求比较高的"精进党"，相信你都可以从本书中收获高效学习和成长的启发。

为帮助读者自我提升，本书所提供了一些参考书单，已上传到百度网盘，供读者下载。请读者关注封底"博雅读书社"微信公众号，找到"资源下载"栏目，输入图书77页的资源下载码，根据提示获取。

第一篇 4个关键词，扫除逆袭路上的绊脚石

训练1 人生觉醒
——拖延症晚期如何自救

002　我们为什么陷入拖延症
006　如何解决拖延

训练2 马上执行
——空有上进心，如何真正做出改变

018　为什么很难做出改变
019　改变三角模型
021　让改变发生的三种方法

训练3 持续行动
——怎样才能保持做事的热情

030　坚持不了是我们意志力不行吗
032　游戏化任务系统

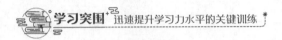

训练 4 高效专注
——如何快速进入最佳做事状态

044 为什么很难保持专注
048 如何获得最佳专注力

第二篇 大师之路，开始燃爆学习力

训练 5 信息搜索力
——掌握核心竞争力

058 搜索力是一种什么样的能力
060 如何解决三大搜索痛点
062 如何提高搜索效率

训练 6 高效阅读力
——如何最有效率地吸收知识

072 什么是主题阅读法
073 如何进行主题阅读

训练 7 高效笔记术
——制作快、易复习、不易忘的笔记法

082 做笔记的目的
083 高效笔记的原则 1——重述内容
085 高效笔记的原则 2——结构化内容
090 高效笔记的原则 3——视觉化笔记

训练 8 **超级记忆力**
　　　　——如何有效记住想记住的一切

　　094　记忆的原理：如何记住一段信息
　　098　让记忆更深刻的"记字诀"与"忆字诀"
　　108　"记忆"六板斧的综合理解与运用
　　111　记忆技巧的应用边界

训练 9 **写作输出力**
　　　　——如何利用所学知识创造价值

　　113　写作的价值
　　115　写作的误区
　　117　如何写出一篇好文章

第三篇　高效做事——超级学习者的标配能力

训练 10 **时间管理**
　　　　——如何让每天多出几小时

　　128　时间管理的本质
　　129　时间管理心法
　　134　一天中的三种时间
　　139　警惕"时间杀手"
　　143　如何获取更多的时间

训练 11 **精力管理**
　　　　——如何拯救一个精神颓废的人

　　148　精力管理的本质
　　150　如何用好精力存量
　　153　如何创造更多增量

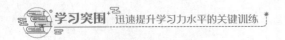

训练12 计划安排
—— 如何科学合理地进行任务管理

177　有效计划的标准
178　如何制订有效计划

第四篇　学习力的百宝箱，助你乘风破浪

高效工作工具箱

186　梦想训练的五大模板
190　高效任务管理工具

高效搜索工具箱

193　全能型资源网站
194　电子书资源
194　优质的免费网课资源

高效阅读工具箱

195　如何选择一本好书
197　如何快速找到一本好书
199　读书笔记模板

高效写作工具箱

204　思维导图
208　文案写作工具

211　参考文献

第一篇

4个关键词，扫除逆袭路上的绊脚石

人生觉醒
拖延症晚期如何自救

"明日复明日,明日何其多,我生待明日,万事成蹉跎。"这首耳熟能详的诗总会引发我的反思:曾经有多少"伟大的计划"都败在了拖延上。我想,大多数人都有拖延的情况,那么,我们该如何自救呢?

我们为什么陷入拖延症

什么是拖延症?即明明知道该做某件事,但是就是不想去行动,一拖再拖,最后要么把事情拖黄,要么拖到火烧眉毛的时候草草完成,这就是拖延症的典型症状。

这里我们要特别留意关键词:明明知道,就是不动。

那么问题来了:为什么明明知道,就是动不起来呢?是什么阻碍了我们的行动?是懒吗?懒又代表什么呢?为什么有的时候懒、有的时候不懒呢?

你会发现,单纯用"懒"解释拖延症很牵强。其实,造成拖延的底层逻辑很简单。初中的物理课上讲过动力和阻力,由此我们知道:想要让物体发生运动,动力必须大于阻力,动力如果超过阻力,改变就会发生,行为就会成立;反之,就会停滞。

同理,做事拖延一定是我们自身的动力不足或事情有阻力,如图1-1所示。

图1-1　拖延发生的原因

那么什么是自身动力呢?这个自身动力指的就是我们做事的原力。当我们对某些事的渴望越大,做事的动力就会越足。

但是在我们做事的过程中,会有一个非常重要的因素,导致我们做事的动力无限减弱,那就是对任务的认识不足带来的拖延。

什么意思呢?想一想,如果你是一个司机,你会等到油箱的油耗尽再去加油吗?如果身体出现异常,你会等到疼得受不了时再去看医生吗?……我想,大部分人都不会这样做的。然而,当我们油箱里的油还够开一圈的时候,当我们的身体只是偶尔出现很轻微的症状,不足以关注时……拖延症就产生了。

二者有什么差别呢?前者能更明显地感知到任务没完成的痛苦和后果,后者却不会有那么强的感知力。

也就是说,即使痛点出现了,但只要这件事情还没有让我们意识到它的影响,我们就会能拖则拖,心理学上把这种拖着不愿意改变的现象叫作"现状偏差",如图1-2所示。

1984年,肯尼斯基和辛登做过一项实验。他们将一些杯子、糖果随机发放给学生们,并告诉他们,每个人都可以将自己得到的礼物换为另一种:拿到杯子的同学可以换为糖果,反之亦然。

但结果显示,90%的学生不愿意交换。这个实验表明,人们更倾向于保持现状,而不愿意改变现状。

> 现状偏差是一种认知偏差，它使人们倾向于保持现状，即使必须改变的话，也会尽可能少地改变。

图 1-2　现状偏差

很多人提到拖延，往往最先想到的方法就是设置任务截止时间，也就是我们常说的 deadline。

事实上，通过我的观察及亲身实践证实，如果只是单纯地设置一个任务截止时间，几乎没有作用。原因很简单，即使过了截止时间，这些完成不了的事并不会立即导致你和你的生活发生翻天覆地的变化。你感知不到它的影响，自然也就认识不到它的意义，行动的动机变得薄弱，行动的动力自然减小，拖延也就发生了。

好了，现在我们明白了什么是动力不足带来的拖延，那么阻力太大带来的拖延又是怎么回事呢？这里讲的阻力太大指的就是：做任务的不爽感会阻碍我们的行动力。

这里的不爽感表现为两点：任务心态与畏难情绪，如图 1-3 所示。

图 1-3　不爽感

1. 任务心态

任务心态的意思是，当下这件事情不是我们自愿去做的。很多人都有被安排的经历，无论是被老板、被客户、被家人安排，统统都算。这种被安排，往往都是被动的或不情愿的。

我以前在单位的时候，老板让我整理一批数据，那份差事真的非常机械和琐碎，别说去执行了，我看见这些东西就感觉到头大，所以我就一直拖着不去完成，直到老板下了死命令，我才草草地应付了事。

你会发现，如果一件事是被别人强加的，它对我们来说不是自己渴望去做的事情，而是不得不完成的"任务"时，我们就会产生不想去行动的心理障碍。如果暂时的拖延并不会导致严重的后果，我们就会选择一直拖延下去。

2. 畏难情绪

进化心理学研究关于人类的行为模式，给出过这样一个模型：当人们面临困难时，一般会出现逃避、奋斗和僵住三种情况，如图1-4所示。

图1-4　面对困难的三种情况

- 逃避模式：如果一件事情很麻烦，你完全找不到切入点，就会选择忽视它，走一步看一步。
- 奋斗模式：如果一件事情到了无路可退的地步，我们就会进入奋斗模式，拼尽全力达到目标。
- 僵住模式：如果任务过难，我们就会告诉自己："哇，这个太难了，我根本无法完成。"然后就摆出一副豁出去的样子，任事态自由发展。

请你回顾最近拖延的三件事,并对照上面三种模式分析原因。

拖延事件 1：_____

模式分析：_____

拖延事件 2：_____

模式分析：_____

拖延事件 3：_____

模式分析：_____

当你清楚了这个理论后，你会发现其实畏难情绪是行动的最大阻力。如果我们做一件事情时遇到了困难，感觉到了不爽，只要这件事情暂时不会产生影响，那么我们就会选择逃避模式，一步步把事情拖死，然后陷入僵住模式。

说到底，拖延的本质就是动力和阻力的博弈，只有让动力超过阻力，才会避免拖延。

如何解决拖延

对于如何解决拖延的问题，有 3 种立竿见影的方法。

提振意识 设置截止时间与后果机制

前面讲过，如果要做一件事，单纯设置截止日期用处不大，然而一旦与后果机制结合起来，就会产生不错的效果。

电影《黑镜：潘达斯奈基》的编剧查理·布洛克在谈及拖延的时候，说过一句话："不要谈什么天分、运气，你需要的是一个截稿日，以及一个不交稿就能打爆你狗头的人，然后你就会被自己的才华吓到。"

有了截止日期，就可以控制我们的任务执行进度，不至于让任务遥遥无期。但是前面我们也强调了，单纯的截止日期并没有什么用，想要让行动发生，除了截止日期外，我们还需要给自己设置一个后果机制，如图 1-5 所示。这个后果机制就是布洛克说的那个能"打爆你狗头"的人或事，只有在任务的初期阶段就意识到其紧迫性和不按时完成所导致的后果的严重性，我们才有可能消灭拖延。

截止日期

后果机制

图 1-5　截止日期与后果机制

那么，如何设计后果机制呢？下面讲一个我自己的例子。

我在开始健身的初期，没少立目标，但是到了该执行的时候，我总能找到无数理由去拖延，眼看着梦想中的身材渐行渐远，我也无法保持淡定了，于是做了这样一件事——把自己的健身计划发布到堪称"社死现场"（如图 1-6 所示）的朋友圈，并且说明：如果我没有完成计划，就给为我点赞的朋友每个人发 500 元红包。

随着我不断更新朋友圈，越来越多的人给我点赞，最后一条记录就有一百多个朋友点赞，如果我一次没完成，那我就需要付出五万多元的代价；如果我耍赖皮不发红包，我在社交圈里的朋友就会对我失去信任，这也会让我感觉很丢人。想到这两点，我再也没有拖延的问题了，养成了定期健身的习惯。

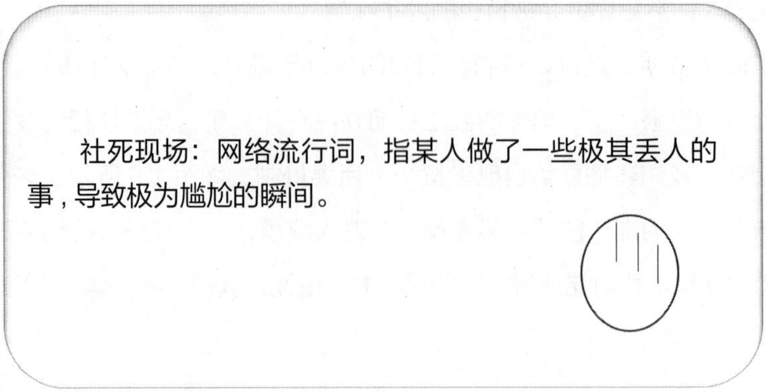

> 社死现场：网络流行词，指某人做了一些极其丢人的事，导致极为尴尬的瞬间。

图1-6　社死现场

做事情如果能主动设置后果机制，将有助于我们更好地完成任务，从而解决拖延的问题。接下来，选出你当下生活与工作中的拖延事件，然后分别写出截止日期与后果机制，以此逼迫自己行动起来。

拖延事件1：_____

　　截止日期：_____

　　后果机制：_____

拖延事件2：_____

　　截止日期：_____

　　后果机制：_____

拖延事件3：_____

　　截止日期：_____

　　后果机制：_____

增大执行动力　**最终幻想增强动力**

当你在为做与不做而挣扎的时候，利用最终幻想可以有效增强动力。这句话是什么意思呢？其实很多拖延的时刻，在我们的大脑中都有一个利弊分析。

理性的大脑通常会告诉我们，不要再打游戏了，不应该逃避责任，应该去做事，但是身体却拼命拉着我们，只要随便一个理由，拖延就发生了。如果这个时候，我们能给大脑中的理性意识，注入一个无比强大的理由，同时弱化阻挡我们做事的诱惑，让动力强过阻力，那么行动就会发生。

这个给理性注入力量的动作，我将其称为"最终幻想"，指的就是：提前把好的结果拿出来享受一下成就感，而不去想象过程的苦给自己打退堂鼓。例如我在纠结要不要健身的时候，会这样做：不理会大脑找的各种借口，不去想象在健身过程中累个半死的场景，不去想各种让我产生畏难情绪的画面——冬天脱光衣服的寒冷、夏天的满头大汗，而是想象完成健身后酣畅淋漓的感觉，想象自己健硕的身材，想象街上别人赞赏的眼光……

往往想到这里，我就会马上站起来，动力秒杀阻力，从而产生行动。其实这个最终幻想背后的原理就是利用大脑对事物的判断模式，无论你做什么事情，都逃不开下面的四种模式，如图1-7所示。

图1-7 大脑判断事物的四种模式

第一象限：过程爽，结果爽。例如，学习过程中亢奋的心流状态，从事喜欢的竞赛项目并最终获胜。

第二象限：过程爽，结果不爽。例如，玩游戏、看肥皂剧等，做这些事情的过程很享受，但是事后却感觉身心疲惫，内心产生很强的失落感。

第三象限：过程不爽，结果爽。例如，健身、学习、练习技能，刚开始做这些事情的时候，大脑是很抗拒的，但是一旦完成，感受会非常好。

第四象限：过程不爽，结果不爽。例如，带着情绪做事、做超出能力或自讨苦吃的事。

那么，这四个象限和我们的行动力有什么关系呢？我们的大脑存在一个认知缺陷：在事情做完之后，忘记过程，只记得结果，这就是有名的峰终定律。峰终定律是一种认知偏差现象，它会干扰人对事物的判断模式，忽略过程，而只记住高峰时刻和结尾时刻，如图1-8所示。

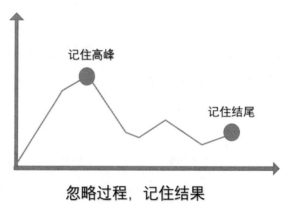

忽略过程，记住结果

图1-8　峰终定律

所以，很多事情虽然过程爽，但是很难在脑中留下可持续记忆的点，最后这些情绪上的东西都会被忘记，只有在最后留下结果的点，才能留在记忆里，激励你持续行动。最终幻想就是利用大脑的这个认知模式：在决定做一件事前，提前把结果拿出来，强行改变大脑懒惰和享乐的模式，促成实际行动，彻底终结拖延。

所以要把改变的注意力放在结果上，而不是过程上，这样，我们的行动力才会加强。

接下来，我们介绍最终幻想的另一个延伸用法：当我们在纠结做一件事的时候，要把"该不该"变成"该如何"。

这句话是什么意思呢?例如,当我们想偷懒,但是理性又告诉我们不应该偷懒的时候,就会陷入纠结模式。

接下来要不要学一会英语呢?

到了健身的时间了,可是今天有点累,要不要休息一天呢?

……

如果我们陷入这种纠结模式,那么这件事大概率是无法完成了。但是如果我们在这个时候能把纠结的焦点转换一下,就可以立刻将拖延消灭于无形之中。

接下来要不要学一会英语呢?→接下来应该是背10个单词,还是5个单词呢?

要不要休息一天呢?→我今天是该练习胸肌,还是着重练习腹肌呢?

你看,加上纠结的焦点之后,要做的事情就变了一种目标。

语言是思维的表现形式,如果我们能调整思维方式,就可以很容易地把大脑从"NO"引导成"YES"。这里面使用了一个二选一的措辞技巧,即提出两个合适的选择,无论选择哪一个,你都可以达成目标。

这招我屡试不爽。当你想拖延的时候,可以尝试用这种方式改变自己的思维,效果将会很明显,如图1-9所示。

前面我们讲完了动力,接下来讲一下做事的阻力。

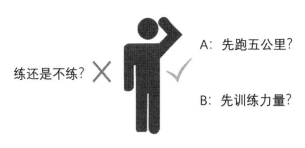

图1-9 语言模式引导思维方法

减小执行阻力 **解决行动的拦路虎**

行动过程中会遇到各种阻力,如果处理不好,就会导致拖延,因此千万不能忽视这些阻力。关于如何减小行动阻力，我总结了以下四种方法，如图1-10所示。

- 重新定义任务：换个角度看任务，让行动不痛苦。
- 烂开始的心态：帮助你卸掉思想上的压力，减少精神内耗。
- 从最小动作开始：不需要意志力，帮助你迈出第一步，推倒行动的第一块多米诺骨牌。
- 用固化习惯对抗拖延：通过培养并固化习惯的方式根除拖延。

具体怎么做呢？接下来我逐一介绍。

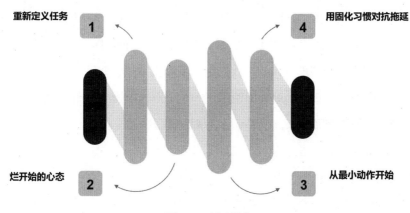

图1-10 减小阻力

1. 重新定义任务

所谓重新定义任务指的就是，如果一件事情我们并不喜欢，但是又不得不做，就可以采用重新定义它的方式，让自己得以愉快地执行下去。

电话销售是一种非常机械且无聊的工作，我之前就做过这样的工作，当时为了让自己能够坚持下去，我设计了一个游戏：把每个月的收入和每天打出的电话数关联起来，例如，月工资是9000元，那么平均一天的收入是300元，而我一天的电话量大约是150通，这意味着无论这个电话谈的怎么样，只要我拨打一通，就可以赚2块钱！这样换算后，打电话对我来说不再是一种折磨，而成了一种乐趣。工作变成了一场征服的游戏。完成了基础数量的工作以后，我还想继续拨打电话。也正是因为这个小方法，不仅让我把机械的工作变得颇有趣味，而且主动增加的任务量让我一直蝉联公司销售冠军。

事情本身没有好坏，任何事情都可以从正反两个面来理解，好与坏的定义完全取决于我们站在什么角度。

工作也是如此，如果我们只是在应付工作，做一天和尚撞一天钟，那么就会感觉到工作没有尽头，人生是灰暗的。但是如果我们能够重新赋予工作意义，把它当作一种修行，那么就可以摆脱金钱的束缚了，视工作为自己热爱的事情，发自内心地想完成它。这样一来，每天上班时精神百倍，既把钱挣了，又做得非常开心。

因此，当我们做事情感觉痛苦的时候，不要只盯着它的反面，而是应该看看事情的正面有哪些，赋予它新的意义。思想的转变可以减小事情的阻力，促进行动的执行。

2. 烂开始的心态

所谓烂开始的心态，是一种主动降低对任务期待值的心态。

有一次，一家企业邀请我去参加行业峰会并担任分享嘉宾，人家提前两个星期通知了我，当时我非常高兴，心想一定要做一场震撼人心的演讲……但是当我准备稿子的时候傻眼了，我发现怎么写都没有那种震撼人心的味道。撕了写，写了撕，反而越写越不满意，甚至一想到演讲我就头皮发麻。于是我开始逃避，好几次都想打电话给主办方，取消自己的演讲。

眼看峰会举办的日期越来越近，我心一横，告诉自己，就照着最烂的标准写，先写出来再说。

当我抱有这样的心态后，竟然一点压力也没有了，很快就写出了一篇稿子。由于没有那么高的期待心理，演讲的效果反而远远超出我的预料。

我们很多人之所以做事拖延，很大原因就是给自己定的标准太高了，总是希望自己能够出手不凡、一鸣惊人，也就是我们常说的"空想主义"。

持这种空想主义心态的人，有一个共同特点：永远在准备，从来没开始。这种人看起来心怀大志，事实上往往不会有太大出息，因为如果等到一切都处于最好的状态才开始做事，黄花菜都凉了。没有什么事情是一开始就很完美的，往往都是一步步从不完美的状态迭代出来的。

所以我们做事情的时候，一定要记住：完成远远大于完美。从烂的心态开始，只做 60 分，不要求 100 分，调低自己的期待值。

"我一坐下来就要把事情做完。"（×）

"我可以采取的第一个行动是什么？"（√）

这样的做事心态可以减轻我们的行动阻力，从而可以解决拖延的问题，如图 1-11 所示。

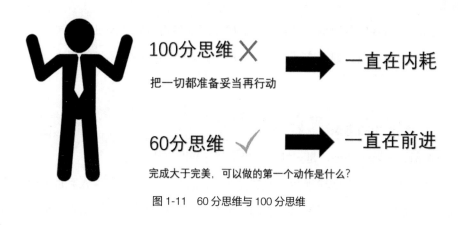

图 1-11　60 分思维与 100 分思维

3．从最小动作开始

"最小动作"和"烂开始"的意思类似，它们的共同点都是微小，也就是我们能轻易达到的目标。不过"烂开始"是调节心态的，而"最小动作"则可以直接指导我们的行动。

那什么是最小动作呢？先讲一个例子。

有健身经历的朋友应该都知道，当我们结束一天的工作后，拖着疲惫的身躯去健身是一件很困难的事情，因为人累了的时候，最想做的事情是休息……也正是注意到了这个现象，所以当我不想行动的时候，会先让自己从床上站起来。

对，你没听错，就是从站起来这个最小的动作开始，然后我会把瑜伽垫铺上。我告诉自己，只做这两件事就行了。但很神奇的是，当我铺开瑜伽垫的时候，发现对抗情绪没有了，自然而然地就练了起来。

你可以回想下自己有没有过这种经历：刚开始做一件事时，会感觉很烦，很难进入状态，但是真正做上了，心态反而平和了。很多时候，拖延不一定是因为做事过程难，而是因为很难说服自己行动起来。其实，只要做出第一个最小的动作，其他的也就自然而然地完成了。

心理学领域有一种登门槛效应，它是由美国社会心理学家弗里德曼与弗雷瑟于1966年做的"无压力的屈从——登门槛技术"的现场实验中提出的。

对于这个实验，很多对心理学感兴趣的读者应该已经非常熟悉了，实验的过程是：研究人员随机访问一组家庭主妇，研究人员提出将一块又大又不美观的招牌放在被访者家的院子里，结果只有不到20%的人同意了这个请求。随后，研究人员访问了另外一组家庭主妇，这次研究人员先要求被访者将一个小招牌挂在自家的窗户上，大部分人表示没有问题；等过了一阵，研究人员又来了，要求被访者在庭院里挂上那个又大又不美观的招牌，这次居然有超过半数的人同意了。

弗里德曼与弗雷瑟研究之后认为：人们会对一个感觉很大的任务产生很强的抗拒心理，但是对一个感觉非常轻松的小任务，就非常乐于接受；而一旦接受了小任务以后，人们往往就会更容易接受更大的任务，否则就会出现认知上的不协调。做事从最小动作开始，利用的就是这个心理机制，这会让行动变得更加容易，如图1-12所示。

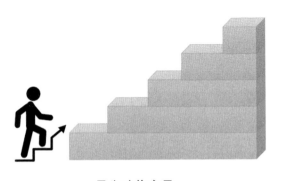
最小动作容易

一步登天困难

图1-12 最小动作心理机制

所以，如果我们在做事情时有拖延现象，最好利用最小动作的心理机制，给自己设置一个"启动动作"，这个启动动作要设置的足够小，小到甚至毫不起眼。只要这个动作开始了，我们的行动就会发生，这个过程就像点火药一样，只要点燃了引线，就会发生巨大的爆炸。

4．用固化习惯对抗拖延

固化的意思是：如果你要做的事情是周期性的，如阅读、健身等，那么你就可以把这些动作放在一个固定的时间去做。

为什么要这样做呢？

我们之所以陷入拖延症，就是因为没有把事情卡在一个固定的时间去执行。

假如你想养成健身的习惯，但是由于工作时间非常不稳定，你今天可能晚上10点开始健身，明天可能晚上12点开始健身，后天可能凌晨2点……这样下去你觉得自己会养成长期规律的健身习惯吗？

这个时间太随机，没有规律，很容易产生懈怠的心理，所以不容易养成长期规律的习惯。

这就好比我们的睡眠生物钟，如果今天晚睡，明天早睡，长此以往，体内的生物钟就会彻底乱套，做事情也容易颠三倒四。

刚开始由于健身时间不固定，导致我经常想不起来去健身，有的时候即使想起来了，我也会拖着不去做，因为没形成固定习惯。当我发现了这个问题以后，我就强制把健身的时间设置在晚上9点钟，到了这个时间就无条件执行。坚持了一段时间之后，一到晚上9点，如果不去健身，我就会感到空虚，好像缺了点什么，身体和心理都会非常不舒服。

固化时间，是养成习惯最有效的方法，只要养成了习惯，就不容易存在拖延的问题了。

想一想，你有多少被拖延耽误了的习惯，比如阅读、健身、早睡早起……尝试把它们卡在特定的时间点上，只要你适应了这种"绑定"，就会产生意想不到的作用。

【本章总结】

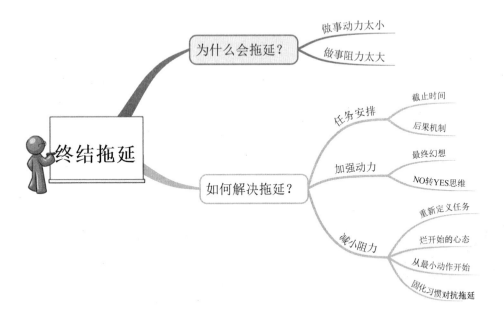

马上执行

空有上进心，如何真正做出改变

你是否也有过下面这样的困惑：

我想练习口才，我也知道练习口才需要多表达、多学习……

我想变美，我也知道变美需要锻炼、控制饮食、不熬夜……

我想有更强的能力，我也知道需要练习、阅读、写作……

我也想变得更好，不希望活成一个被他人、被自己鄙视的"咸鱼"……

但是，为什么我们明白这些道理，却做不到？为什么渴望改变，却总是一成不变？怎么才能成为更好的自己？

为什么很难做出改变

假如你是一个笨口拙舌的人，但打心底羡慕那些可以在任何场合都能侃侃而谈、挥洒自如的人，希望自己也可以成为这样的人。虽然你尝试去改变，也雄心勃勃地制订了很多训练计划，但是坚持了两天后发现太难了，再加上工作一忙，计划就不出意料地又一次被搁浅了。

终于有一天，一个机会降临到你身上：公司领导要选拔一名员工到总部工作，你的各方面条件都符合，但是你不敢推荐自己。当你好不容易鼓足勇气毛遂自荐，却因为缺乏语言表达方面的训练，导致语无伦次，结果这次机会与你失之交臂，反而被一个工作能力不如你的同事抢去了。

这件事情让你耿耿于怀，于是你买书、报班，再一次计划训练自己的口才，势必让自己拿出结果。这次比之前多坚持了几天，可是进步速度好似蜗牛，于是你又动摇了，安慰自己道：人不可能十全十美，还是做自己擅长的事情吧。

类似这种"改变"的场景是不是很熟悉？这种"改变"还可能发生在你下决心减肥的时候，又或者是学英语的时候……对于这种有趣的"改变"现象，可以用如图 2-1 来表示。

图 2-1　无效改变的循环周期

曾几何时，我也深深地陷入这种无效改变的循环周期里走不出来——间歇性凌云壮志，持续性行动不足，最后放弃计划和改变。但一个模型将我从这种状态中解救出来了。

改变三角模型

斯坦福大学心理学家、行为设计学之父 B.J. 福格教授提出过一个理解人类行为的模型，即福格行为模型（Foggy Behavior Model，FBM）。他在该模型中指出，想让一个人的行为发生改变，主要由三点构成，分别是行为动机（Motivation）、行为能力（Ability）和触发机制（Triggers），只要合理设计这三点，就能拥有无穷的执行力。

我在经过实践后,把整个模型称为"改变三角模型",如图 2-2 所示。

图 2-2　改变三角模型

对于这个"改变三角模型",可以理解为如下三点。

- 有足够的动机。没有足够的动机,很难行动。
- 有足够的能力。没有足够的能力,即使行动了也无法完成。
- 有持续的触点(即触发机制)。即使行动了,也能做到,但是如果没有持续的触发机制执行力也是不可能长久的。

下面我们把"改变三角模型"代入前文的场景中,看看会发生什么。

在前文场景的第一阶段:我们羡慕他人因优秀的口才而成为焦点,也想成为那个人群中的天鹅,不甘做只会躲在黑暗角落里的丑小鸭。带着这种"不甘"和"期待",我们产生了"改变"的冲动。

但是把"冲动"作为改变的动机,基本就决定了这件事夭折的结果,因为冲动可以呼之即来,同样也会挥之即去。

当回归到现实生活中,你就会很容易发现,这种因冲动而做出的改变并不会让生活发生翻天覆地的变化,有它更好,但没有它也不会让生活过不下去,于是当冲动消散,改变就停止了。

所以,如果做一件事没有强大的动机和必须行动的理由,就注定了这件事情失败的结局。

在第二阶段:你因为口才的原因错失了一次提拔的机会。这种刺激点的出现,会让"冲动"变成"刚需",因为我们切切实实地感受到了痛苦,这种"痛点"会激发强烈的改变动机和必须行动的理由。这个时候,我们就真正具备了第一个改变的条件。

但是，往往执行的时候，我们会发现事情比想象中困难得多：你不知道从哪里下手改变、该去做什么，以及怎么做才能改变现状；只能凭着感觉去做，然而练习了却发现看不到效果，信心就会开始动摇。

这就是"改变三角模型"的第二个点：行为能力不足带来的慢反馈。

在这种不知所措的状态下，随着那些让我们"痛苦"的事情过去，我们的激情也会慢慢消散，这样就会导致计划再次被搁浅，最后在一次又一次的无效改变的循环周期中，彻底不了了之。

这就是"改变三角模型"的第三个点：触发机制不足，导致后劲不足，让我们失去了逆风行走的勇气。

到这里，大家应该就明白了，我们常说的"间歇性凌云壮志"是因为：生活中某个点刺激到你了，它或许是鸡汤，或许是某个励志故事，又或许是某个让你不舒服的事情，这些都是催动我们改变的刺激点，它们的出现会让我们产生极强的改变动机。

而持续性行动不足则是因为：我们产生了动机后，没有主动给自己设计足够多的刺激点，即使刺激点够了，如果任务和能力匹配出现问题，也会让我们执行不下去。

所以，做事的触发机制不可持续，做事动机的不够强烈，能力匹配出错导致无法入手，这就是出现"间歇性凌云壮志，持续性行动不足"现象的底层逻辑。

让改变发生的三种方法

在明白了改变困难的底层逻辑后，那么我们应该怎么去做才能让自己发生真正的改变呢？这里根据"改变三角模型"讲解三个方法，让"三角"的每一个点都有很系统的解决方案，如图 2-3 所示。

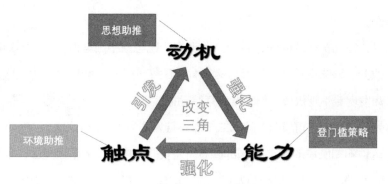

图 2-3 催动三角模型的三种方法

方法一　主动设置思想助推，加强做事动机

什么是思想助推呢？认知心理学早就证明：态度可以改变行为，行为也可以改变态度。如果我们的态度不变，行为就很难发生变化。

这里讲的思想助推指的是：以态度影响行为，主动给事情赋予意义——重大意义，甚至是多重意义，通过这种深挖动机的方式，来获得最底层的自驱动力。

这句话是什么意思呢？我列举一个亲身经历的案例。

我之前有很多兴趣爱好，诸如健身、写作、音乐等，但是我都是三天打鱼两天晒网，没有做出什么结果，一直在这种无效改变的循环周期中走不出来。直到有一天，我遇到了一个女孩，她太优秀了，和她站在一起，我感觉自己低矮到了尘土里。

如果想要得到她的青睐，和她在一起，我就必须变得足够优秀。于是通过深挖这个意义，我觉醒了，做出改变的动力彻底爆发了，甚至在执行受挫、感觉沮丧的时候，我也会想起她，再次爆发出惊人的力量……

你可以回想一下自己的过去：是否有过为了某个人、某件事、某种理想，让你有了改变自己的需求，像是找到了前进的灯塔一样，一下子让你充满了动力，这种力量就是思想助推。

马斯洛需求理论告诉我们：人人都有向好的底层需求，没有人愿意活成一个被自己、被他人瞧不起的失败者，"变得更好"的需求是刻在我们基因里的。我们之所以做事动力不足,就是因为现实中一些琐碎的事情麻痹了我们的神经,如果我们缺少某些思想助推去真正地唤醒和意识到某些东西,就可能会麻痹一辈子……

所以,我们可以通过思想助推的方式,把最底层的力量释放出来,这种力量会彻底提振我们的意识,激发出最底层的驱动力。

那么,如何利用思想助推来加强做一件事的动机呢?有两种方式,如图2-4所示。

图 2-4 思想助推的两种方式

1.列痛点

所谓列痛点,就是从反面去深挖一件事的意义。做某种改变前可以先想一下:如果不改变,在我们身上会发生什么?

例如,如果不改变,可能我会一生穷困潦倒、找不到对象、让人瞧不起,最终活成太宰治小说《人间失格》中所说的:生而为人,我很抱歉……

当你真正静下心来去思考这些过去从来没有思考过的"大话题"时,你的意识就开始觉醒了。我们可以顺着这条路继续深挖它们的意义,给自己找出不得不做、必须要做、不做不行的理由。

当然这种方法有效的前提是,挖掘的过程中要十分用心,这个用心的标准指的是:如果这件事你不做到,或者某个东西你得不到,你就感觉浑身难受,甚至寝食难安,逐渐把这件事情的重要性渗入潜意识。在不想做某件事时,可以将不做的后果逐条列出来,如下所示。

如果我做不到＿＿＿＿＿＿＿＿＿,我就会＿＿＿＿＿＿＿＿＿＿＿＿

如果我做不到 _____，我就会 _____

如果我做不到 _____，我就会 _____

如果我得不到 _____，我就会 _____

如果我得不到 _____，我就会 _____

2．列愿景

和列痛点恰恰相反，列愿景指的是通过挖掘做事的正面意义来获得力量。说白了，就是充分地反思：如果做出改变，会对我们的生活造成多大的影响，会让我们收获到什么？

例如，只要我做到了，我就可以和喜欢的人在一起；只要我做到了，就可以得到别人的尊重；只要我做到了，就可以摆脱潦倒的困境；只要我做到了，就可以……将这件事相关的愿景列出来，如下所示。

只要我做到了 _____，我就可以 _____

只要我做到了 _____，我就可以 _____

只要我做到了 _____，我就可以 _____

只要我做到了 _____，我就可以 _____

只要我做到了 _____，我就可以 _____

如此反复地从正反两面给某件事赋予意义，让改变的目标彻底在心底扎根。

我们的大脑很有趣，或许听过这样的话：即使是谎言，重复1000次，也会变成真理。是的，只要你去想，潜意识就会不自觉地推着你往这个方向去思考，当到达一定程度，你的潜意识自然就会接受它，爆发出无穷的内在驱动力，最后达成心理学上的自我实现预言。

所以，在决定做不做任何一件事的时候，第一步要先从正反两方面深挖做事的动机，获得思想上的力量，而不要单纯地靠"感兴趣的冲动"这么薄弱的动机去做事。

也正是凭借着这股自我塑造的驱动力，让我陆续获得了过去想象不到的能力和技能，让我真正可以有自信地说出：只要我想做某件事情，就不存在坚持不下去的情况。我可以让自己往任何一个自己想要的方向进化，这就是思想助推的作用。

方法二　不要一步登天，而是一层层爬楼梯

人在准备做一件事情的时候，往往会低估任务的难度，而高估自己的能力。

我们决定做某件事之前，总会有一种新鲜感和期待感，这种心态会让我们带着一种理想的结果和期待去规划事情，好像一旦自己小宇宙爆发，水到渠成，任务也就完成了。

结果，执行的时候，我们往往会发现效果远远达不到预期，信心就会动摇，于是开始自我内耗。

其实导致这个问题的根本原因不是任务本身。在项目管理界有这样一句话：没有不对的项目，只有和项目不匹配的人。

有一些事情，我们之所以做不下去，核心原因是我们安排任务的方式有问题，比如，假设你达到了初高中的水平，那么让你做小学五年级的题是没有问题的，但是如果让你去做博士生的题，你就很可能无法完成。在我们能力不足的情况下，不合理的任务安排会给人造成极强的挫败感。

所以，我们给自己设置任务的时候，一定要降低对结果的预期，让自己认识到，绝无速成的可能，从而把任务分解，专注于一点点改变所带来的喜悦，然后再慢慢增加难度，直至完成最终目标，这也是一种被称为"登门槛"的做事策略。

这种思维就好比吃西瓜，谁也无法一口吃下整个西瓜，但是我们可以把西瓜切成很多块，然后一块块地吃，如图 2-5 所示。

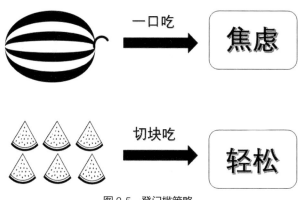

图 2-5　登门槛策略

列出你手头正在处理的三个任务,并写出你的初始预期及调整之后的合理预期。

任务1:_____

初始预期:_____

合理预期:_____

任务2:_____

初始预期:_____

合理预期:_____

任务3:_____

初始预期:_____

合理预期:_____

方法三　设计环境助推,获取持续的成长力量

什么是环境助推呢?我们先看看下面几个场景。

在宿舍里,舍友们都在打《王者荣耀》游戏;在图书馆里,大家都在看书。请问身处哪种环境,你会更容易静心学习?

跟一群"学霸"天天讨论学习中的趣事,跟一群"学渣"整天讨论旷课和打游戏,哪一个环境会让你更加热爱学习?

水杯就摆在你触手可及的地方,或者放在远远看不见的地方,哪种情况会让你更常喝水?

天天泡在美食街和天天待在健身房,你在哪个环境之下更容易减肥?

……

常言说,"鸟随鸾凤飞腾远,人伴贤良品自高""近朱者赤,近墨者黑"……

人是环境的产物,好的外部环境会让我们的行为更加积极,而坏的外部环境则会让我们的行为变得更加消极。所以,所谓环境助推指的就是,我们可以主动设计做事的环境,让环境更便于我们做事,或者说让环境对我们进行反向塑造。

那么,如何设计环境助推呢?下面介绍三种方法。

1. 让自己置身于刺激源,经常给自己找刺激

这个方法就是让自己多感受尴尬的场景。例如,我知道演讲能力对我来说非常重要,但是平淡的生活让我没有动力去刻意训练这方面的能力。于是我就经常去一些需要演讲的场合找刺激,如公司主持会。尽管我知道自己不擅长主持,但是这不重要,先上去再说,当我感受到了尴尬,才会产生改变尴尬的动力。

所以,如果你想做出某项改变,最好的方法就是主动把自己放入你想改变的场景中,让尴尬不断地刺激你,当感受的尴尬多了,改变也就产生了。

你的目标1:_____
刺激源:_____

你的目标2:_____
刺激源:_____

你的目标3:_____
刺激源:_____

2. 设计一切利于做事的环境

如果你想养成多喝水的习惯,最简单的方法就是把水杯摆在随看随取的地方。例如,我平时会经常使用计算机,我就把水杯放在键盘旁边,这样我每次看见杯子就会端起它把水喝了,如果我不这样做,除非是渴了,否则我是想不起来喝水的;即使想起来,如果不方便拿到水杯,很快也会忘记喝水……

所以，在生活和工作中，我们通常可以设计有利的环境帮助我们更容易去做事，这些设计可以从卧室、书房、办公室开始。

通过设计有利的环境，我们可以把想要做的事的成本变成零，这样做事的效率也可以翻倍。

你的目标1：_____

设计方案：_____

你的目标2：_____

设计方案：_____

你的目标3：_____

设计方案：_____

3. 借助外部力量对自己进行反向监督和塑造

在做一件事时，如果我们感觉自己的动力不是那么足，就可以考虑借助外部的力量去对自己进行监督和反向塑造。

可以借力的方式有很多，比如我自己，当我下决心做某事的时候，都会把做事的决心发到朋友圈及我最不想丢面子的人面前，而且为了让自己执行的力度到位，我甚至还会开直播。例如，我过去为了养成健身的习惯，会在健身的时候开启直播，虽然一个观众都没有，但是我知道可能随时有人进入直播间，于是我就更加卖力地健身。

所以，如果你感觉学习或工作出现问题的时候，不妨利用外部环境来监督你，比如发朋友圈让朋友检验结果，这种方式不仅会提升你的专注力和认真程度，而且能打败你一个人学习的孤独感，甚至还能帮你交到志同道合的朋友。

你的目标 1：＿＿＿＿＿＿＿＿＿＿＿＿＿＿＿＿＿＿＿＿＿＿＿＿＿＿＿＿＿＿＿＿

外部力量：＿＿＿＿＿＿＿＿＿＿＿＿＿＿＿＿＿＿＿＿＿＿＿＿＿＿＿＿＿＿＿＿＿

你的目标 2：＿＿＿＿＿＿＿＿＿＿＿＿＿＿＿＿＿＿＿＿＿＿＿＿＿＿＿＿＿＿＿＿

外部力量：＿＿＿＿＿＿＿＿＿＿＿＿＿＿＿＿＿＿＿＿＿＿＿＿＿＿＿＿＿＿＿＿＿

你的目标 3：＿＿＿＿＿＿＿＿＿＿＿＿＿＿＿＿＿＿＿＿＿＿＿＿＿＿＿＿＿＿＿＿

外部力量：＿＿＿＿＿＿＿＿＿＿＿＿＿＿＿＿＿＿＿＿＿＿＿＿＿＿＿＿＿＿＿＿＿

【本章总结】

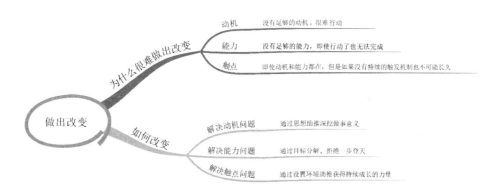

训练 3

持续行动
怎样才能保持做事的热情

> 通常,我们做事往往只有三分钟热度,这是存在于当下年轻人身上的普遍现象,也是困扰我们的问题。我们也希望培养长期兴趣,也希望可以坚持得更久一些,就像打游戏一样,越玩越上瘾。对此,有没有什么解决方法呢?

坚持不了是我们意志力不行吗

对于我自己,我常常认为自己的意志力还可以。

◆ 我从2016年开始健身,每周四次,风雨无阻,至今已坚持了6年左右。
◆ 我从2015年写复盘日记,每天笔耕不辍,已写完600多万字。
◆ 我从零开始自学英语,通过一个个查单词的方式,现在可以通读英文原著。
◆ 我从2016年开始每年保持超过200本的阅读量。
……

其实,在此之前我失败了无数次,没有一次能坚持很久。这些失败的坚持都有一个共同特点:靠"打鸡血"和意志力。

美国的神经学专家保罗提出了三脑理论(Triune Brain Theory),他把我们的大脑分成了三个部分,分别是掌管本能的爬行脑、掌管情绪和情感的情绪脑、掌管复杂认知活动的理性脑，如图 3-1 所示。

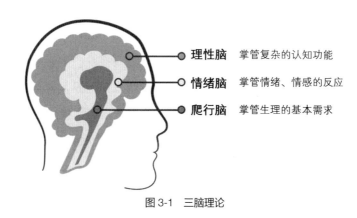

图 3-1 三脑理论

"三脑理论"是一种对大脑区域特征的极简描述模型，虽然这个模型不精确，但是大体上能反映我们大脑的分工模式。

爬行脑和情绪脑支配着我们的本能反应，这是我们还没有进化成人的时候的主导模式，它的存在已经有好几亿年了，而理性脑只有几百万年的历史。

有人做过一个很详细的比喻，把生物进化的时间线压缩到 24 小时，人类理性的出现是在最后一刻。所以，如果我们想靠着理性和意志去和人类的本能抗争，会显得很无力，结果就相当于一个成年人和一个婴儿打架。真正的坚持，从来都不是靠意志力！

那么不靠意志力，如何做到长期坚持呢？

在经典畅销书《象与骑象人》中，作者把我们的理性和意志比喻成骑象人，而把我们非理性的本能部分比喻成大象。书中的核心思想就是：当我们用意志力强行和大象抗争，必然被大象所伤，但是如果我们能用恰当的方式去引导大象，它就会乖乖地为我们所用。

我们可以想象一下，除了那些让人坚持到感觉痛苦的事情外，有没有一些事情是让我们不费吹灰之力就会坚持下去并且乐此不疲的？当然有，例如，玩游戏、追剧、看小说……

很多人对《征途》这款游戏有印象。当年我对这款游戏也十分着迷。我清楚地记得自己那个时候的疯狂状态：不眠不休，饭可以不吃，但是游戏不能不玩……看到这里,你有没有反思过一个问题,为什么我们容易对玩游戏上瘾,但是做其他的事情就没有这样的热情?究竟游戏的什么底层机制吸引了我们呢?我们能不能把游戏中控制人性的机制运用到学习和做事上呢?

当然可以!

著名未来学家简·麦戈尼格尔在他的书《游戏改变世界》中详细地介绍了游戏化的机制。我将简·麦戈尼格尔的研究结合自身的实践,提炼出五个游戏化的任务系统,它们分别是目标系统、触点系统、反馈系统、成就系统、社交系统。

按照简·麦戈尼格尔的说法,只要在游戏中把这些因素设计到极致,人就会沉沦,如图3-2所示。

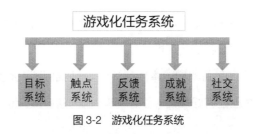

图 3-2 游戏化任务系统

游戏化任务系统

这五个系统分别是怎样的呢?接下来进行详细的讲解。

目标系统 让你的行动停不下来

看到设置目标,你可能会说:"我也经常给自己设置目标啊,但是没什么用,因为我根本就不会行动。"

我们先来看看游戏中是如何设置目标的。

1. 设置阶梯性目标,不要一开始就去"打 Boss"

没有任何一款游戏会在你刚创建完角色以后就立刻让你去"打 Boss"。如果打一次死一次，试问，谁还会继续玩？当你不断升级，装备越来越好，经验值越来越高以后，系统才会给你匹配实力差不多的 Boss。

我们前面也讲了，做事的时候要从最小的动作开始。让自己能开始执行，是做一切事情的前提，如果行动都无法发生，后面的根本就不要谈了。同理，运用到学习上，切忌一上来就给自己制定一个惊天地泣鬼神的大目标，这种目标除了当时过过脑瘾，在执行的时候是没有任何指导性的，反而会让你产生恐惧心理。

假如你不具备一天读一本书的能力，却给自己定了一天要读一本书的小目标，结果只看了一页就放弃了，这样会大大地挫败你继续读书的信心。

写下你最近想完成的一个目标：
_____

拆解目标，根据复杂程度，设置为阶段性目标。

第一阶段目标：_____

第二阶段目标：_____

第三阶段目标：_____

2. 计划要清晰明确，永远知道下一步该做什么

对于下面的两个计划，哪个执行的概率比较大呢？

- 第一个计划：明天学习英语。
- 第二个计划：明天午休后背完 5 个单词，听完 1 节语法课。

毫无悬念，是不是第二个计划的执行概率比较大？因为第一个计划的目标非常空洞，没有任何指导性，这样的任务即使我们能想起来，也需要纠结接下来要做什么；而第二个计划则有非常具体明确的指向，我们可以很清楚地知道在什么时候应该做什么。

我们在游戏中做任务的时候，从来不会看到含糊其辞的任务描述。它会准确

地告诉你任务场景、任务目标、时间、地点，以及怎么去做，例如，去××地方打十只怪，如图3-3所示。

图3-3　游戏的目标系统

创办《征途》游戏的史玉柱曾说，对于玩家来说，任何一个时间点上都应该有目标，玩家一旦失去目标，就很危险。同理，如果我们感觉没事可做，就只会消磨掉自己的时间。

当你完成第一个任务后，下一个任务马上就会进来，在这种不断完成目标的过程中，你完全感觉不到时间的流逝。所以，我们在制订计划的时候，一定要清晰明确，永远让自己知道下一步该做什么。

写下你最近想完成的一个目标：

....

第一步做什么：..

第二步做什么：..

第三步做什么：..

3. 不要一直做主线，给自己设置支线任务

我们的大脑比较喜欢新奇的东西，如果一个游戏只有一种玩法，我们很快就会厌倦，因此游戏开发商除了主线玩法，还会设计大量的支线任务，例如，《征途》中的运镖、刺探、搬砖等，会让你玩得十分尽兴。

同理，在我们的成长中，除了主线任务，还要给自己设置一些支线任务，这些支线任务既能起到放松精神的作用，也能陶冶我们的情操。例如，在疲劳的时候，我一般会唱唱歌、玩玩乐器，很快就能让自己放松下来。所以，除了主线任务，你也可以学学乐器、唱歌、跳舞、健身，等等。当学习疲劳的时候，就可以穿插玩玩支线任务，然后再去做事和学习，就会让大脑一直保持一种新鲜感，坚持就会变得没那么痛苦了。

当你疲惫的时候，喜欢做什么事让自己放松呢？找到适合自己的支线任务吧。

支线任务 1：＿＿＿＿＿＿＿＿＿＿＿＿＿＿＿＿＿＿＿＿＿＿＿＿＿＿＿

支线任务 2：＿＿＿＿＿＿＿＿＿＿＿＿＿＿＿＿＿＿＿＿＿＿＿＿＿＿＿

支线任务 3：＿＿＿＿＿＿＿＿＿＿＿＿＿＿＿＿＿＿＿＿＿＿＿＿＿＿＿

触点系统　设计触点让自己动起来

什么是触点系统？试想一下，当我们进入一款新的剧情类游戏时，一开始会不知所措，不知道该做什么。

那么，游戏是怎么引导我们开始的呢？

游戏开发商会给你一个任务的引导，即引导你去点击，一旦你点开了任务框，就可以开始玩了，如图 3-4 所示。

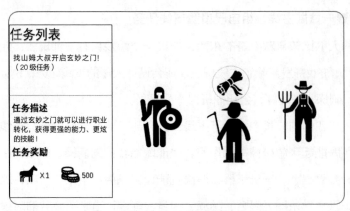

图 3-4　NPC 行动触发

同样，当我们做好了计划，准备开始执行的时候，如果没有一个东西引导，我们可能很难进入状态，最后导致无法完成任务。因此，我在做某些事情之前会主动设计大量的触点，从而启发行动。例如，在一天刚开始时，我会先看看日程清单，就相当于在游戏中接了任务一样，然后开始按照清单做事。

我在生活中也处处设计了触点，例如我会把瑜伽垫铺在地上，等别的事情忙完了，看着瑜伽垫，我也就很容易开始健身了；我还会专门收拾出一张学习专属的桌子，只要我坐在桌子前，就会意识到要开始学习了。

这都是触点设计，它可以让我们很自然地开始做某件事。如果我们在生活的各个场景中主动设置一些这样的动作触发点，就可以很轻易地养成好的习惯。

请你仔细想想生活与工作中那些经常拖延的事，然后为它们设置相应的触点。

触点 1：_____

触点 2：_____

触点 3：_____

反馈系统　超级执行力源自及时反馈

什么是反馈呢？

从进化论的角度来看，我们都是短视的动物，这是人性使然。在茹毛饮血的古代，如果我们的祖先需要很久才能吃到肉，那么被淘汰的概率就很大，所以做事情马上看到好的效果是动力的源泉。

在游戏中，一个很重要的设计就是，我们每完成一个小目标，都会得到相应的奖励。

原本做任务的过程是枯燥的，但如果完成任务后会立刻获得经验值和金币，那这样我们就会有很强的收获感。

但是在现实中呢？

我们都知道学好英语要背单词，而如果背完10个单词之后并没有什么感觉，文章仍然看不懂。很显然，这个反馈不及时、不明显，导致我们做事的信心大打折扣。没有给自己建立及时反馈的激励系统，这也是我们经常放弃的根本原因。

但是有一个很现实的情况是，我们所做的事情大部分都是反馈慢的，例如，健身很久，也无法练出马甲线；学习很长时间，可能还是看不到结果。

那么对于这种情况，我们如何给自己创造积极的反馈呢？其实方法很简单，那就是自我激励。

我是这样自我激励的，仅供参考：我做一件事的时候往往会设立两种奖励，一种是确定性奖励，另一种是不确定性奖励。

确定性奖励很好理解，就是当你完成了某个设定的任务，就直接兑现一次渴望已久的奖励，例如，我背下了500个单词，我就会奖励自己一次旅游。

游戏中有很多确定性奖励，例如，当你达到某个级别，游戏系统就会提示你，在××阶段有一个××神器在等着你。

同理，我们也可以给自己设置现实奖励，例如，只要背下来30个单词，就奖励自己去看一场电影，这样就会促使自己去完成一些事情。

当你完成某个目标之后，想得到怎样的奖励呢？

目标1：_____

奖励：_____

目标 2：...

奖励：...

目标 3：...

奖励：...

那么，什么是不确定性的奖励呢？

著名学者万维钢曾经列过一个公式：喜欢＝熟悉＋意外。这个公式的意思是：如果想让我们喜欢上某件事，首先这件事是我们熟知的，其次就是这件事情能给我们带来意外的奖励。

这一点在游戏中体现得淋漓尽致。我们可以看到，游戏中处处有爆装备的现象，你只要刷怪，就可能爆出极品装备，正是由于这种不确定性，我们才会乐此不疲地刷怪。

可见，学会给自己创造一些意外的及时反馈，能让我们始终保持对某件事的新鲜感。那么，怎么运用这个意外反馈的机制呢？

其实方法也很简单，以我自己为例：我给自己弄了个存钱罐，把所有想做的事情、喜欢的东西都写在纸条上，然后搓成团扔进罐子里；每完成一个任务，我都会打开一个纸团，给自己一个小奖励。我也不知道下一次自己会抓到什么，这种惊喜的感觉会激励我不断完成任务。如图 3-5 所示。

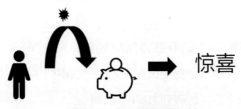

图 3-5　设计激励反馈机制

通过这种物质上的及时反馈，其实就是在帮助我们对抗那些反馈很慢的东西，例如，学英语、阅读等，物质上的及时反馈能够让我们一直坚持到真正完成任务的那一天。

事实上,当我们确实能一口气看完一本书了、英语考过六级了、赚钱比以前多了、被周围人夸奖变优秀了……也就是说,我们已经提升到一定的水平了,那么也就不太需要这些东西来提振自己的执行力了。

成就系统 让自己产生自豪感

成就系统指的就是记录自己所走过的路。

我们几乎可以在任何一款游戏里找到这样的成就系统,例如,你的段位、等级、武力值,还有你是怎么一步步达到这样的成就的记录,给你颁布的成就徽章。

下面以健身软件 Keep 为例,讲解一下这套让人持续坚持的系统是怎么玩的,如图 3-6 所示。

图 3-6 Keep 屏幕截图

当有了成就系统,我们就很难中途放弃任务,因为我已经投入了太多时间,如果没有达到就放弃,会让人很不甘心。随着等级越来越高,得到的徽章和段位也越来越厉害,也就很难轻易放弃。

这里涉及了两个概念,一个是经济学术语——沉没成本,指的是我们为某件事情投入的、已经发生且不可收回的支出,如时间、精力、金钱等。人们在决定是否做某事的时候,不仅会考虑这件事带来的好处,而且还会考虑在这件事上的投入，投入的越多则越不容易放弃。

另一个概念就是大名鼎鼎的紫格尼克效应，指的是人进入做事状态后，会对未完成的事情有一种想要完成的执念。

所以，如果需要坚持做某件事情，我们就可以通过设立成就系统，把自己一步步走过的路记录下来。例如，为了培养读书的习惯，我会在每次读完一本书后，去豆瓣打卡、写书评。蓦然回首，原来我已经看完这么多书了，这种满满的成就感会给人带来极强的推动力，如图 3-7 所示。

图 3-7　设计成就系统来培养读书的习惯

我还设计了一些成就记录表格，分别记录自己的阶段性成就。

接下来，根据自己的实际情况填写吧。

成就记录表——学习力

具体项目	第一阶段成就	第二阶段成就	第三阶段成就
学习英语	每天背诵 30 个单词	每周看一部美剧	与外国朋友简单对话

成就记录表——工作力

具体技能	第一阶段成就	第二阶段成就	第三阶段成就
沟通力	公共场合讲话	流利汇报工作	高情商表达

成就记录表——阅读力

书名	阅读用时	感受
《百年孤独》	2个月	生未百年,死不孤独。

成就记录表——健身

健身项目	运动量	时间周期	健身效果
跑步	每天消耗 800kJ	60 天	体重降低 5kg

社交系统　抱团取暖相互激励

我们都知道,一个人做事是很孤独的,尤其是受到挫折的时候,想发泄都找不到可以倾诉的对象,但是如果能找到一群志同道合的朋友,大家抱团取暖、彼此激励,那么坚持就不再是一件痛苦的事。这一点在游戏中也体现得淋漓尽致!

在游戏中,我们经常看到各种各样的社交系统,如好友、师徒、战队、家庭、公会,这些都是社交的形式。

我们会为了所谓的面子、身份、地位,去逼迫自己不断进步。这种场景在学校中随处可见,例如,小组与小组之间的竞争,这种强参与感会极大幅度提振人的执行力,推动人向前发展。

所以,想做某件事时,最好去找一些和你志同道合的人。互联网时代,找到志同道合的人一点都不难,在知乎、豆瓣、B 站,以及各种各样的付费社群,很容易找到这类兴趣小组。除线上外,线下的方式也有很多,如沙龙、聚会、读书会等。

以健身为例，你可以设定一个目标，然后通过线上、线下的渠道找到志同道合者，一起制订激励计划，这样可以起到互相监督、互相激励的作用，从而解决拖延的问题。

接下来，请你根据自己的实际情况填写下面的表格，从而更好地激励自己吧。

社交激励计划——健身

目标 1				
线上渠道	知乎	豆瓣	B 站	运动类 APP（Keep）
线下渠道	健身房	运动社群	聚会	比赛
激励计划				
目标 2				
线上渠道				
线下渠道				
激励计划				

社交激励计划——学习

目标 1				
线上渠道				
线下渠道				
激励计划				
目标 2				
线上渠道				
线下渠道				
激励计划				

社交激励计划——工作

目标 1				
线上渠道				
线下渠道				
激励计划				
目标 2				
线上渠道				
线下渠道				
激励计划				

【本章总结】

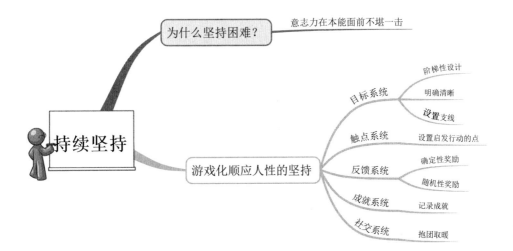

高效专注
如何快速进入最佳做事状态

经常有读者问我：当自己想要做某件事，如读书、学习、工作的时候，可能需要很长时间才能进入状态，即使进入了状态，也很容易跳出来，无法持久地专注，效率极低。

其实这种情况并不是一个人本身的专注力差，而是在学习或工作的时候专注力差而已！

为什么很难保持专注

为什么我们在学习或工作的时候，专注力会很差？

回想下，你开始玩游戏时，需要先调整状态吗？

当然不需要，你可以1秒进入状态，瞬间高度集中注意力，甚至在玩游戏的过程中，你还具有极强的抗干扰的能力。在这种状态下，你会忘记时间、忘记空间，你不会感到心浮气躁，你不会想着休息，也不会感觉到疲劳，而且如果这个时候有人强行打断你，你还会很不爽。

这种状态被心理学家米哈里教授称为"心流"（flaw），也就是我们将注意力完全投注于某一件事。

但是如果将游戏换成工作或者学习，你可能要磨蹭半天才会开始做事，即使开始做事了，也会心浮气躁，周围稍微有一点风吹草动，你就会受到影响。一旦感觉到困了、乏了，你就自动切换成休息模式了。

为什么玩游戏和学习、工作的状态有如此大的反差呢？造成这两者差异的原因主要有三个，分别是清晰、匹配及刺激度。

1．清晰

清晰指的是清晰的任务路线，也就是说，我们要清楚下一步应该做什么。

游戏的设计是清晰的。游戏系统会帮助我们把一切任务都设计好，一进入游戏界面就能找到事情做，我们可以很清楚地知道游戏目标。

而且游戏系统会把每一个任务都分解成阶段性的小任务。在完成小任务的过程中，游戏会给我们及时反馈。当你完成第一个任务后，第二个任务就会马上跳出来……如图 4-1 所示。

图 4-1　游戏的任务系统

然而，现实生活中没有人会替我们将任务设计得这么到位。当我们想做一件事的时候，往往不知道如何开始，我们每走完一步都要主动停下来思考接下来要做什么、怎么做……

总之，我们在现实中做事，一切都是未知的，一切都需要我们自行安排，其中的任何一个环节,都可能分散我们的注意力。所以,清晰的任务安排路线是专注力的第一核心因素。

2. 匹配

米哈里提到,要想进入极致专注的心流状态,一定要安排和我们的能力相匹配的任务。如果任务难度过高,我们就会感觉到焦虑;如果任务过于简单,我们又会感觉到无聊。因此,我们需要设置一个恰当的任务,如图 4-2 所示。

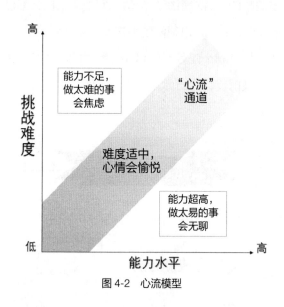

图 4-2 心流模型

试想一下,假设你在游戏中只有 1 级的水平,但是系统每次都给你匹配 99 级的对手玩家,每一次都是毫无悬念地以你的失败而告终,试问你还能进入专注的忘我状态吗?

同理,如果你已经是 99 级的玩家,但是每次让你和 1 级的小号玩家对战,每次你打败他们的时候,就好像是碾死一只蚂蚁一样,请问你在这种情况下能达到忘我的状态吗?

所以,游戏的设计者是非常注重任务的匹配度的,其所给出的任务一定是确保我们能够达到的,而且也不会是太简单的任务。

但是在现实生活中做事,没有人给我们设计任务难度的匹配系统,我们只有一个模糊的大目标,也不知道该做多少、进度如何,往往是凭着感觉做事。如果在这种情况下,我们还要持续集中注意力,其实也不是一件容易的事。

3. 刺激度

游戏有剧情,有悬念,有互动,有惊艳的画面,有虚构的世界,有动人的音乐……这些东西能时时刻刻抓牢我们的注意力。但是在学习、工作的过程中,很难找到这么强烈的刺激物。碰到需要刻意练习的场景,我们面对的只有枯燥乏味和机械的任务。所以,如果任务的刺激度不够,我们的注意力也会随时被分散。

跳出游戏的视角,除了以上因素外,还有一个非常重要的因素会影响我们的专注力,那就是干扰源。这种破坏我们专注的干扰源有两种,即内部干扰源和外部干扰源。

内部的干扰源不是固定的,它是由人或事带给我们的心境影响。例如,一大早和女朋友吵了一架,又或者无缘无故地被老板骂了一顿,可能你这一天都没法专注工作了;再如,你陷入了甜蜜的爱情,满脑子都是 ta……这些影响我们的心境,让我们产生诸如焦虑、压力、郁闷情绪的事情,都属于内部干扰源。

外部干扰源就更好理解了,只要我们的状态被外部的环境影响了,影响我们状态的所有外部环境都属于外部干扰源,例如,无关的广告、垃圾邮件、推销电话、吵闹的环境,等等。

在干扰的状态下,即使我们玩游戏,也很难体会到心流的状态,更不用说做事了。

我们做事之所以无法专注,核心原因有两个,一个是任务因素,另一个则是干扰因素,这两者共同决定了我们做事的专注度,如图 4-3 所示。

图 4-3 无法持续专注的核心原因

如何获得最佳专注力

了解了游戏让我们专注的原理及做事难以专注的原因,那么我们如何让自己在学习、做事时更加专注?通过大量的实践测试,我提取了一套方法,分为三个部分:专注前、专注中及在修行中训练专注力,可以帮助我们做到真正的高效专注。

准备专注前 做什么可以获得最好的专注状态

关于这个问题,有以下三种方法。

1. 将任务设计得清晰明确,执行起来不需要任何思考

我们前面强调过,游戏中的任务会清晰地告诉我们下一步应该怎么去做,而我们做事之所以难以进入状态,常常是因为面对一个任务的时候,不知道该从何处下手。

那么,如何让任务更清晰呢?

可以采用2W2H法去计划和安排一件事情,即时间(When)、地点(Where)、行为(How)、数量(How much),如图4-4所示。

图4-4 2W2H法(1)

如果你的计划是明天开始读书,那么,这就是一个不落地的计划,因为到了明

天你还是会纠结,读什么书?什么时候读?读多少页?……它根本没有办法指导我们进行。这时候,可以用 2W2H 法重新安排任务,如图 4-5 所示。

图 4-5　2W2H 法(2)

同样的,如果你计划健身,也可以用 2W2H 把任务变得清晰,如图 4-6 所示。

图 4-6　2W2H 法(3)

通过 2W2H 法,可以让我们的任务更明确、更有指向性。任务越具体,我们也就越容易专注。

当你能把每一个目标都这样设计一遍,你就相当于有了游戏脚本,会清楚自己接下来该干什么,不会失去执行的目标。例如,我的 2W2H 清单如下。

我的2W2H清单

任务清单	什么时间	什么地点	具体行为	预备进度
阅读《影响力》	明天早晨7点	坐到书桌前	阅读+笔记	阅读第六章
做《项目A》方案	明天上午10点	坐在办公室	构思写作	完成方案
开《项目B》分析会	明天下午3点	公司会议室	做安排，备物料	完成项目会议
学习认知心理学课程	下班回家途中	车上	打开B站听课	完成1~2节
处理社群消息	晚饭后	在书房里	挨个回复提问	清空全部问题
健身	明天晚上9点	在卧室里	铺上瑜伽垫	完成肩部训练

你也可以根据个人情况填写下表，利用2W2H清单让任务更清晰。

2W2H任务清单

任务清单	When	Where	How	How much

2．利用仪式感提振专注意识

如果你了解战争史，就会发现一个很有意思的现象：一支部队在出征的时候，将军都会做战前动员。

不只是战争，这种战前动员在我们的生活中也随处可见，例如，一些公司会在晨会上喊口号，尤其是销售团队。我们千万不要小看这些仪式，它还真不是冗余的形式，而是有很强的心理学依据支撑的。

举一个比较直观的例子：你可以回想自己是否有过这样的经历：如果某天一大早你就遇到了一件非常倒霉的事情，你会不会感觉这一天都过的不顺？但是如果一大早就发生了一件非常幸运的事，你是不是一天的状态都非常好？这就是心理暗示效应。

所以，在一天开始的时候，送给自己一个大大的鼓励。你可以在做事情前，重述一下做这件事的意义,然后带着暗示后的状态做事,你会发现,通过一个小小的自我鼓励行为,做事的状态就会立刻得到提振。

对于我自己,我每天会给自己一个清晨仪式,告诉自己今天的使命,然后带着满满的意义去做事。我发现,那种状态真的像开了挂一样。

接下来,请你根据自身情况,设计事件的具体仪式感吧。

仪式感设计 1:＿＿＿＿＿＿＿＿＿＿＿＿＿＿＿＿＿＿＿＿＿＿＿＿＿＿＿＿＿

仪式感设计 2:＿＿＿＿＿＿＿＿＿＿＿＿＿＿＿＿＿＿＿＿＿＿＿＿＿＿＿＿＿

仪式感设计 3:＿＿＿＿＿＿＿＿＿＿＿＿＿＿＿＿＿＿＿＿＿＿＿＿＿＿＿＿＿

3. 调节任务刺激度阈值

什么是刺激度阈值呢?下面我用自己治疗挑食的案例解释一下。

我过去是非常挑食的,只吃自己喜欢的食物,很排斥吃一些绿色健康食品,这样的饮食方式导致我摄入的营养很不均衡。后来我想了一个办法,在吃饭的时候,先吃那些最不喜欢吃的食物,然后才能去吃喜欢吃的食物。

道理很简单,如果我一开始就先吃自己喜欢的食物,那么即便之后那些不喜欢吃的食物很有营养,我也吃不下去了。然而,如果我一开始就吃一些不喜欢但对健康有益的食物,后面看到喜欢的食物,我还是能吃下,就这样通过调整进食顺序,彻底解决了我吃饭挑食的问题。

把这个道理运用到做事上也是一样的。如果我们每天总是先做那些高刺激、娱乐性的事情,如玩游戏、刷抖音等,那么当需要去做高度集中注意力的低刺激事情,如学习、工作、看书的时候,我们就会很难适应。

但是如果我们能调整一下执行顺序,先让自己去做那些刺激度比较低的事情,再去做一些刺激度比较高的事情,这样就可以让我们持续地保持一种比较亢奋的状态,如图 4-7 所示。

综上所述，要想有更好的做事状态，就要注意任务的出场顺序，调整做事的逻辑，如图 4-8 所示。

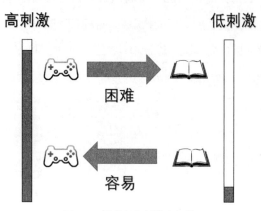

图 4-7　调节任务刺激度阈值

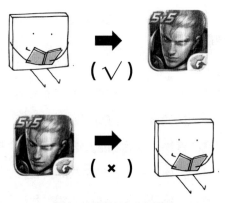

图 4-8　调整任务出场顺序

开始专注时　如何保证专注效果

对于如何保证专注效果，有以下两种方法。

1．刻意屏蔽干扰源

这里主要讲如何屏蔽外部干扰源（内部干扰源这一点会放在精力管理部分来讲）。其实外部干扰源无非就那几种——环境、人、信息。

如果你无法避开嘈杂的环境,那么可以戴上降噪耳机。降噪耳机一开,你会发现世界都安静了。

此外,如果有条件,也可以播放白噪声,也就是模拟大自然的声音,更利于进入专注状态。以我自己为例,我会通过倾听模拟雨声的方式,让自己进入专注的状态。

对于人和信息的打扰,我会分成三档处理:重要且紧急的事情,优先处理;不是特别重要的消息,放在休息时间统一处理,尽可能地创造不被打扰的环境;垃圾推送通知,我会选择屏蔽。

通过这样的设置,做事的效率得到了很大提升,如图4-9所示。

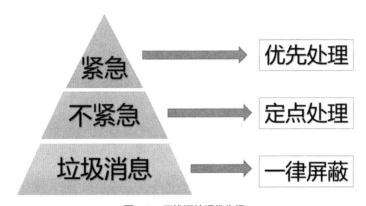

图4-9 干扰源处理优先级

2. 低门槛做事

低门槛做事指的就是前面提到的最小动作,也就是先让自己做一件相对比较简单的事情。最小动作不仅可以启发我们的行动,还能非常有效地让我们快速进入状态。

这个过程就好比健身,如果一开始就使用器械来锻炼,我们的身体会因为没有舒展开来而感觉非常不舒服;但是如果我们先进行热身,再去使用器械,身体就会轻松很多。

接下来,请你根据自己近期的目标任务,将你打算做的事分为两个阶段,自行填写下表。

低门槛进阶设计

具体任务	第一阶段做什么	第二阶段做什么
阅读	选择最感兴趣的 1 节内容	按顺序每天读 1 节内容

专注力训练　利用日常修行的方式进行训练

根据进化论的观点，我们的大脑是为了生存和繁衍构建的。你可以想象一下，当我们在丛林漫步的时候，最危险的是什么？我们想象到的可能是各种各样的野兽或外族部落的人……如果大脑持续处于专注状态，而对周围的环境毫无警觉，我们就可能随时成为其他捕食者的猎物。所以，为了保证不被吃掉，我们就需要预想各种危险，警惕周围的任何动静，从而在面临危险的时候可以及时做出反应。而只有面临特定事务，如围猎，大脑才会选择专注。对生存来说，发散性思维的使用远比专注式思维的使用多得多。所以，发散模式是思维的主导。

虽然时代发展到了今天，但是我们的基因还停留在远古时代，所以，想要从根本上提振专注力，我们就需要对其进行训练。至于如何训练，我总结了以下两个方法。

1. 刻意练习注意力归位能力

其实这个所谓的注意力归位训练很简单，一句话概括就是：当发现我们走神的时候，马上把注意力拉回来。

在训练初期，我们可能对走神的反应不那么及时，但是只要我们有意识地训练，对"走神"的敏感度就会越来越强，并且可以及时地纠正它。

这种能时刻察觉到你的意识，并立马纠正的能力，就是有名的"元认知"。它是由美国心理学家 J.H. 弗拉威尔提出的概念，即对认知的认知。举例来说，在学习过程中，一方面要进行记忆、思考、感知，这些都是认知活动；另一方面又要对自己的各种认知活动进行积极的监控和调节，这种对记忆、思考、感知等认知活动本身的再记忆、再思考、再感知，就称为元认知。

元认知是凌驾于认知之上的认知，它就像一双眼睛，会时时刻刻盯着我们，训练的越多，元认知的神经元通路协作就会越快，到最后它能瞬间捕获我们的念头出离，并做出纠正。

所以，训练注意力归位，就是训练我们的元认知。等元认知强大起来了，即使被外界打断，我们的元认知也能很快地察觉，并且做出干预反应，马上让我们回到专注状态。

2. 专注的心法——正念

正念是来自佛家修行的一种状态。通过下面的故事，你能很快地理解什么是正念。

一位行者问一位得道高僧："您得道前在做什么？"

高僧说："砍柴、挑水、做饭。"

行者又问："那您得道后呢？"

高僧说："砍柴、挑水、做饭。"

行者困惑了，说："您这前后没区别呀。"

高僧对行者笑道："孩子，区别大了。我得道前，砍柴的时候想着挑水，挑水的时候想着做饭；得道后，砍柴就是砍柴，挑水就是挑水，做饭就是做饭。"

所谓正念，就是不念过去、不虑未来，把身心全部放在当下的一种做事智慧。

正念的训练不分场合，我们可以在生活、工作中的任何时刻进行正念训练。例如，在走路的时候，可以尝试不要想和做任何其他的事情，把注意力倾注两腿上，体会和感知一步步前行是什么样的感觉；在吃饭的时候，只把注意力放在咀嚼食物上，体会食物的味道……

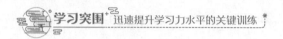

当你真的能做到完全沉浸于当下时,你会发现专注力也不再是问题了。你也不焦虑了,甚至胸中会感觉到幸福的充盈,那种感觉就像是你专心读一本书,你不会想其他的,只专注于和作者的对话。

【本章总结】

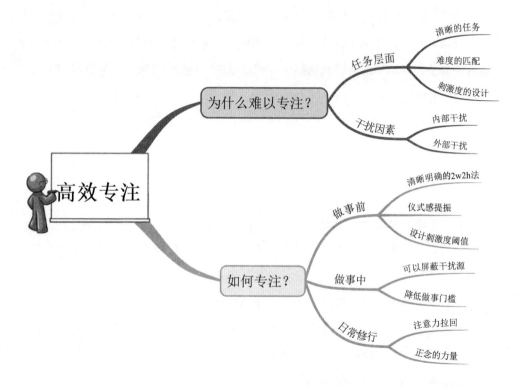

第二篇

大师之路，开始燃爆学习力

训练 5

信息搜索力
掌握核心竞争力

假如领导让你给公司设计一个宣传画册，由于外人不了解公司情况，短时间内无法外包，必须由你操作。但是你从来没有做过，请问这个时候怎么办？

我就遇到过这种情况：当时领导把这个任务派给了 A 同事和我两个人，要求出两种不同形式的画册。A 同事选择请教设计师，结果沟通了半天也没弄出来，而我只花了几小时就完成了整个宣传画册的设计。

其实造成这么大效率的差距，就是因为我们对搜索力的理解和运用。

搜索力是一种什么样的能力

提到"搜索"，大家首先想到的就是"百度一下"。

但，搜索力绝对不是"搜索"这么简单。搜索力指的是遇到问题的时候，能够知道找什么、去哪找，以及如何找到有效的信息和资源，并能利用它们解决问题的能力。

在投资圈有一句非常经典的话：比别人知道的快一些、早一些，你就会创造巨大的财富。

信息差就是财富，社会的分工越来越细，而我们的时间和精力又十分有限，不可能对任何领域都有所涉猎，这就造成我们对外界的理解十分闭塞，适应不了工作和生活带来的种种挑战，遇到问题也只能干瞪眼。

但是当你具备了搜索力，就相当于掌握了一个庞大的情报部门，你可以更快地比别人获得信息，更快地比别人知道该怎么去做事，更快地找到你想要的资源、人脉、信息等去适应你的工作，而且还能保证你做出正确的决策。

所以搜索力也是帮助你打破信息差的能力，是我们与别人拉开距离的核心竞争力。那么，如何掌握搜索力呢？

1. 建立搜索意识

受限于惯性思维，很多人遇到问题的第一反应往往是自己苦思冥想，或者直接问别人。其实还有一种方法就是搜索。遇到问题，如果想不出解决办法就不要再想了，要学会开始搜索，因为我们遇到的问题别人可能也遇到过，并且已经有了答案，你要做的就是找到它。

就拿前面设计画册的案例来讲。当我遇到这个问题的时候，我就开始思考：我们公司需要画册，难道其他公司就不需要了吗？我能否把别人做好的画册找出来，结合公司的实际情况进行修改？

我带着这种搜索的思维意识，很快就找到了一堆这样的画册，当时我甚至还找到了专门收集画册模板的网站，有各种现成的精美画册模板供我挑选，因此一本画册就轻轻松松地做出来了。

从那以后，我养成了一个意识：如果遇到自己无法解决的问题，不要闭门造车，而要学会站在巨人的肩膀上前行。当你遇到问题的时候能想到搜索，就战胜了 80% 的人了。

2. 掌握搜索方法

只具备搜索意识还不够，想要快速找到想要的内容，还需要掌握系统的搜索方法。这里有一套完整的搜索思路，它是围绕搜索的三大痛点设计的，如图 5-1 所示。

图 5-1　搜索思路

那么，如何解决搜索思路中的这三大痛点呢？下面我们展开介绍。

如何解决三大搜索痛点

What　遇到了问题该去找什么

爱因斯坦曾经说过："如果给我 1 小时解答一道决定我生死的问题，我会花 55 分钟弄清楚这道题到底在问什么，一旦清楚它到底在问什么，剩下的 5 分钟足够回答这个问题。"这句话的意思是，提出问题往往比解决问题更重要。

人们在遇到问题的时候，总是喜欢把手段当目的，还没弄清楚真正的问题是什么，就一厢情愿地去解决问题了。

试想一下：七夕快到了，你想给女朋友一个浪漫的惊喜，会怎么做呢？

你可能会想到送礼物，但是不知道送什么合适，于是上网搜索"七夕礼物"。或许能找到不错的方案，但是如果仅仅这样，这个七夕可能并不会达到你想要的效果。

原因很简单：浪漫的七夕 ≠ 礼物。

如果你不是以礼物，而是以"浪漫的七夕"为主题去搜索，那么就可能找到满意的答案！

这个时候搜索思路应该是这样的：七夕活动 → 情侣活动 → 情侣浪漫 → 七夕礼物 → 情人节礼物 → 情人节活动 → 情人节方案 → 七夕怎么过……

所以，我们在搜索前，一定要先问问自己：搜索的最终目的是什么？搜索是为了解决什么问题？目前的搜索思路是不是把手段当目的了？例如，送礼物就是实现浪漫七夕的一种手段，而不是目的。

当我们明确了搜索的目的之后，该去哪里找答案呢？

Where 确定搜索目标后去哪里找资源

关于这个问题，可以用一个万能思路解决，那就是：先找通用渠道，如果通用渠道不行再去找专用渠道，如果专用渠道也不行则可以考虑付费渠道，如图 5-2 所示。

图 5-2 搜索渠道

这里的通用渠道指的是我们最常接触到的一些搜索引擎工具，如百度、谷歌、搜狗等。我们遇到的大部分搜索问题，都可以通过这些网站找到解决方案。

专用渠道就是一些细分渠道，针对性更强，例如知乎、头条、B 站、抖音等。此外，还有一些更垂直的门户网站或其他渠道，例如，你喜欢音乐，那么可以去一些专门做音乐的网站搜索，或者去行业交流群、兴趣贴吧搜索等。这些针对特定领域的资源网站，往往信息质量更高，定位也更精准。

有一些高价值的信息和资源，可能无法通过免费的渠道搜索到，那么这时候就需借助于付费渠道，例如淘宝、咸鱼，比较高端的则是一些行业领军人物的社群、圈子，这也是解决问题的一种方法。

How 如何高效地寻找资源

很多人在运用搜索引擎找东西的时候，输入的都是日常化的语言，例如：

肚子疼该怎么办啊？

琅琊榜在哪里看啊？

如何赚钱啊？

……

要注意的是，搜索引擎是机器，它的工作原理是通过提取关键词来匹配结果，如果采用日常化的表达，会导致搜索的结果模糊匹配，这样的结果往往是差强人意的，搜索的效率也非常低。

如何提高搜索效率

在知道了搜索方法后，那么，该怎么提高搜索效率呢？我们可以学会使用下面这几个机器能高效理解的语言，更快地找到想要的资源。

1. 双引号（" "）指令：精准匹配搜索内容

这个精准匹配是什么意思呢？例如，你想学习唱歌方面的教程，在网上直接搜索唱歌教程，结果会如图5-3所示。但是如果给关键词加上双引号，如"唱歌教程"，结果就会如图5-4所示。

你会发现，如果单纯地搜索"唱歌教程"这四个字，那么出来的页面基本都被广告霸占了，而且结果也和我们想找的关联度很低，而加上双引号之后，出来的结果就非常精准了。

其实原因就是，搜索引擎把"唱歌"和"教程"这两个关键词拆开了，导致凡包含这两个关键词的结果都出来了，这些内容大多与你想要的不相关；但是如果加上双引号就代表把这四个字当成一个关键词，出来的结果自然十分精准。这就是双引号指令的妙用。

图 5-3　关键词直接搜索的结果

图 5-4　关键词加上双引号搜索的结果

2. site 指令：只要特定网站的内容

我们经常需要搜索特定网站的内容，但是有的网站自带的站内搜索做得不好，有的甚至都没有站内搜索，这样就导致找资料的效率非常低。在这种情况下，我们可以通过 site 指令寻找特定网站的内容。

site 指令的用法很简单，其语法如下：

关键词 + 空格 +site+ 英文冒号 + 目标网站

例如，你想在知乎上找一些关于男生穿搭的内容，可以直接在百度或者其他搜索引擎上搜索：

男生穿搭 site：zhihu.com

然后搜索引擎就会把知乎上关于男生穿搭的内容呈现出来，如图 5-5 所示。

图 5-5　知乎结果

这里要特别注意的是，我们只需要输入网站域名的核心部分，不需要加 www 和 http 等前缀。

3. filetype 指令：找文档的神器

在互联网上，我们最常搜的就是教材、电子书、行业资料等。假设你想找《红楼梦》这本书的 PDF 版本，如果直接搜索关键词"《红楼梦》"，可能会出现很多广告网站，无法顺利而快速地找到准确的资源。

但是如果你使用 filetype 指令搜索，就可以很快找到源文件，如图 5-6 所示。

图 5-6 利用 filetype 指令搜索的结果

filetype 指令的用法非常简单，格式如下：

关键词 + 空格 +filetype+ 英文冒号 + 所需文件的格式

例如：

《红楼梦》filetype: pdf

此外，还有很多其他文件也支持这个指令，例如 ppt、xls、doc、rtf、txt 等。

4．inurl 指令：既可以当 site 指令，又可以当 filetype 指令

inurl 指令非常强大，既可以当 site 指令用，又可以当 filetype 指令用，而且比前两者更强大。我们先来了解一下它的强大之处。

使用 site 指令时，必须输入整个网站的完整地址，但是使用 inurl 时只需要输入关键词就可以了，不需要加网站后缀。inurl 指令的用法就是：

关键词 +inurl+ 冒号 + 网址关键词

如果你是一名创业者，想了解一些官方的贷款政策，当你用 site 指令搜索时，

如果不加特定网址的后缀 gov，那么你搜索到的就会是很杂乱的东西，如图 5-7 所示。但是如果你用 inurl 指令搜索，得到的将都是来自官方的信息，如图 5-8 所示。

图 5-7　利用 site 指令搜索的结果

图 5-8　利用 inurl 指令搜索的结果

filetype 是搜索文档的神器，但是能搜索的格式十分有限。inrul 则没有限制，可以搜索任何文件，例如 exe、mp3、mp4 格式等。

inurl 的用法很简单，和 filetype 指令的用法相近。例如，我们要下载林俊杰的《修炼爱情》这首歌曲，用 filetype 指令搜索的结果如图 5-9 所示。

图 5-9　利用 filetype 指令搜索歌曲结果

但是用 inurl 指令搜索却可以找到相关的歌曲，结果如图 5-10 所示。

图 5-10　利用 inurl 指令搜索歌曲结果

5. intitle 指令：只要标题内的特定内容

intitle 指令就是命令搜索引擎把包含特定关键词的结果找出来，不包含特定关键词的结果就不要。例如，想研究下知识付费行业在 2021 年的发展趋势报告，利用这个指令，就可以搜索出相关结果，如图 5-11 所示。

intitle 指令的用法：

关键词＋空格＋intitle+英文冒号＋需要限定的关键词

图 5-11　利用 intitle 指令搜索的报告结果

6. 限定时间的指令：只要特定时间的资料

限定时间是什么意思呢？假如你想得到某一个时间段的内容，例如 2018—2021 年知识付费行业的数据报告。

如果你直接搜索知识付费报告，出来的结果可能什么时间段的都会有，但是如果用了限定时间的指令，搜索引擎就会帮助你把想要的时间段的数据报告找出来，如图 5-12 所示。

指令用法：

时间开始..时间结尾

7. 减号指令：帮我们去掉不想看到的东西

减号指令可以去掉我们不想要或者有歧义的关键词，假如你想找到一些关于谷物小米的信息，如果直接搜索小米，得到的都是关于小米手机的结果，但是如果使用"-手机"这个指令，结果就会集中在谷物小米上。

减号指令的用法很简单，格式如下：

内容关键词＋空格＋减号＋需要去除的关键词

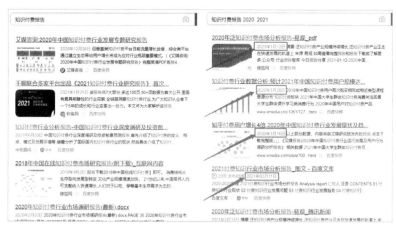

图 5-12　限定时间的搜索结果

我个人最常用的就是拿它去除广告了。有些搜索引擎，一搜索就会出现一大堆广告，但是如果使用了减号指令：

唱歌教学 - 广告 - 推广 - 推广链接

你就会发现，搜索出来的页面会十分干净，如图 5-13 所示。

图 5-13　去除无关信息的搜索结果

除了以上七个指令，还有很多指令，不过这七个指令基本上就能满足我们的日常需要了，除了它们本身的功能外，我们还可以对它们进行组合使用。例如，双引号指令＋减号指令＋site 指令，等等。

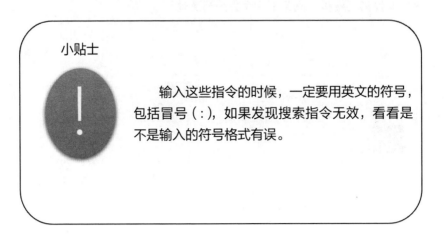

小贴士

输入这些指令的时候，一定要用英文的符号，包括冒号（:），如果发现搜索指令无效，看看是不是输入的符号格式有误。

有些人可能会觉得上面这些搜索指令太复杂，不容易记住，下面再介绍一种简便方法，你不需要记住指令，也能达到一样的搜索效果。这就是各大搜索引擎都会提供的高级搜索功能，下面以百度为例进行讲解。

操作方法很简单：首先，在百度搜索引擎页面的右上角单击【设置】按钮，如图 5-14 所示。

图 5-14　百度截图

然后，单击【高级搜索】按钮，展开的页面如图 5-15 所示。

图 5-15 单击【高级搜索】按钮展开的页面

主流搜索引擎都会提供这个高级搜索功能，其用法很容易学会。但是，更建议记住前面介绍的七种指令，因为这些指令的用法效率会更高一些。

【本章总结】

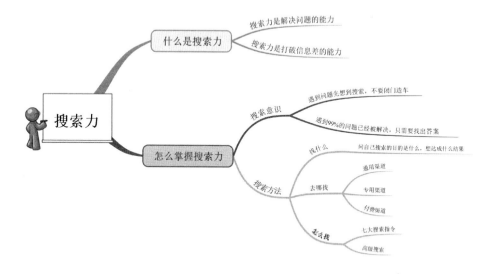

高效阅读力

如何最有效率地吸收知识

> 金庸先生的小说《笑傲江湖》里，有一门很神奇、霸道的武功，叫吸星大法。在小说里的设定中，练成了这门武学就可以吸取各大高手的内力，让天下武功为己所用。
>
> 其实，在现实生活中，也有一种这样神奇的"功法"，只要掌握了它，就好比练成了吸星大法一样，在很短时间内，就可以把别人几十年的功力化为己用，站在巨人的肩膀上获取更大的进步。
>
> 这种"功法"就是主题阅读法！

什么是主题阅读法

关于阅读，巴菲特的金牌合伙人查理·芒格有过一段非常经典的论述，芒格说：

我这辈子遇到的每一个聪明的人没有不每天阅读的——没有，一个都没有。我的孩子们都笑话我。他们觉得我是一本长了两条腿的书。

通过阅读和"已逝的伟人"交朋友，这听起来很好玩，但如果你确实在生活中与"已逝的伟人"成为朋友，那么我认为你会过上更好的生活，得到更好的教育。

阅读对我们普通人来说，确实是成本最低、最有效的一种成长方式了。虽然说阅读没有门槛，谁都可以拿起一本书来读，但是阅读者之间确实存在效率上的明显差距。我们可以回想一下，自己多久能读完一本书？读完能记住多少内容？

做任何事情都是有方法的，阅读也是一样。不掌握方法，凭着感觉阅读，不仅会让我们阅读的速度很慢，而且吸收的效率也低。真正会阅读的人，既能保证极高的吸收效率，还能快速把书中的精华内容记住并内化成自己的知识体系。

那么，是否存在一种高效的阅读方法，既能保证我们的吸收质量，又能保证我们的阅读速度呢？有的，这个方法就叫主题阅读法，简单解释就是：让所有的书为你的问题服务，为你的需求服务。在阅读的时候，阅读的主题和内容都是围绕着阅读目的的。

主题阅读最终实现的效果是：通过一次深度的主题阅读，就能解决你所困惑的问题，指引你的行动。

掌握主题阅读法之后，我的阅读效率翻了不止6倍。采用主题阅读法，我几乎可以做到读完一遍后就能复述书中的核心内容，并且记忆非常深刻。

如何进行主题阅读

主题阅读法一共分为四大步骤，如图6-1所示，接下来我们进行具体讲解。

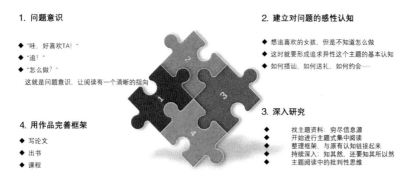

图6-1　主题阅读法四大步骤

第一步　**问题意识**

什么是问题意识？下面举个例子，假设你要追一个姑娘，但是你有很多竞争者。这时候，你可能会有以下这些问题：

如何赢得姑娘的芳心？

我该如何从这么多竞争者中脱颖而出？

如何搭讪，才能与喜欢的姑娘互动？

和姑娘在一起的时候聊什么、怎么聊？

怎么和喜欢的姑娘约会？

……

当你脑中有了这些疑问后，就表明你具备了问题意识。当你进行阅读时，如果有了问题意识，这个时候你的阅读就会有一个非常清晰的指向——阅读的所有内容都是为了"如何赢得姑娘的芳心"这一个主题服务。

为什么读书要带有极强的问题意识呢？

原因很简单，认知心理学研究揭示：知识只有和我们的应用场景发生高度联系以后，才会产生可以被调用的记忆，如果不知道为什么而学、将来能用在哪，以及和自己有什么关系，就会让我们读的这些东西没有落脚点。

所以，在有一个非常明确的问题和目的后，这时再去有针对性地阅读，效果就会完全不一样了。例如，当你业绩极差，马上面临被开除时，为了避免被开除，你就会把心思集中在如何提升业绩上，然后全神贯注地去寻找这个问题的答案，此时你阅读的效果是非常好的。

读书更是如此：有问题意识和无问题意识的阅读，会有非常大的差距，如图6-2所示。

图6-2　两种阅读方式对比

那么，如何训练掌握"问题意识"呢？这里推荐一个思维模型"黄金圈"，能够帮助我们快速掌握"问题意识"，如图 6-3 所示。

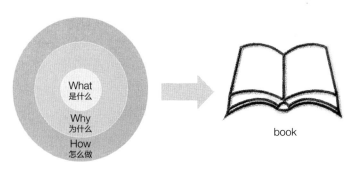

图 6-3　黄金圈思维模型

这个黄金圈思维模型指的是，我们读任何一本书前，都要根据书的主题想一遍黄金圈的三个问题，即 What（是什么）、Why（为什么）、How（怎么做）。

例如，对于《影响力》这本书，按照黄金圈思维模型，我们就很容易得出一些问题，如图 6-4 所示。

图 6-4　《影响力》分析

虽然黄金圈思维模型可以帮助我们树立"问题意识"，但是这还不够，我们还需要确保问题真的进入了大脑。也就是说，当你问出了 What、Why、How 后，还要把自己代入真实的场景，尝试自己去回答这三个问题，比如，你可以把自己想象成一个正在给学生讲课的老师。如果你发现自己根本就没法回答，或者即使能回答，答案也十分牵强。此时，你对这个主题就会产生好奇，就会想去寻找答案。

当你心里有了这些"困惑",你就可以带着问题开始阅读了。如图 6-5 所示。

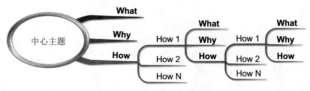

图 6-5 黄金圈分析导图

好了,我们现在知道了问题意识可以帮助我们确定阅读指向,那么应该如何展开主题阅读呢?

接下来再来了解主题阅读的第二步:建立对问题的感性认知。

第二步 建立对问题的感性认知

什么是建立对问题的感性认知?简单讲就是:对你要研究的主题有一个基本的概念或框架感知。

那么,这个大致的认知应该怎么建立呢?

最简单的方式就是去各大平台进行搜索,找找攻略或者找一本入门书。

有了基本的概念以后,你的"问题意识"会更有针对性和方向性。当你的脑子里充满了针对性的问题后,就可以来到第三步——进行"深入研究",开启通往大师之路。

第三步 深入研究

完成深入研究这一步,主要有以下五个环节。

1. 找主题资料:穷尽信息源

在《三国演义》中,有一回,曹操纠结要不要杀刘备,这个时候他是怎么做的?曹操把所有能回答他问题的谋士召集了起来,来决定要不要杀刘备,如图 6-6 所示。

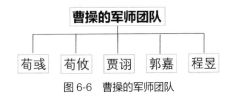

图 6-6 曹操的军师团队

同理,我们解决问题的时候,第一步也可以召集自己的"谋士团"。

无论是相关的图书、视频、课程、论文,还是有相关经验的人,都是可以帮助我们解决问题的"谋士"。我们要把它们找出来,进行简单分类,列出阅读清单。

但这里需要注意的是,因为我们的时间和精力都很有限,所以只要经得住考验的经典著作或者有权威人士背书的资料,一些没有意义的资料可以忽略。

有了资料清单,就可以开始进行主题阅读了,那么,如何进行呢?

2. 开始进行主题式集中式阅读

在进行主题阅读的时候,我们不需要将一本书从头到尾完完整整地看完,而应采用观其大略的方式,只读和我们问题相关的部分内容即可。

因为针对性强,所以这样读起来速度极快。又因为目标明确,所以注意力也更容易集中,吸收效率也非常高。这也解释了为什么有些高手一年可以读上百本书,并不是因为他们的时间更多,而是因为他们的阅读都是为了一个"具体的问题"而服务,可以同时读 3~5 本书,甚至是几十本书,如图 6-7 所示。

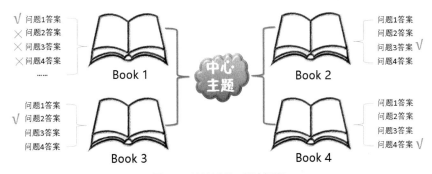

图 6-7 快速过书,解决问题

当然，单纯讲求阅读速度也不行，我们在阅读的过程中，还必须有意识地把书里的内容进行组合，让它们形成体系。

那么如何建立知识体系呢？

其实方法很简单，因为任何主题和知识点都逃不过黄金圈思维模型的终极三问，只要根据黄金圈思维模型，我们就可以梳理出相应的框架，如图6-8所示。

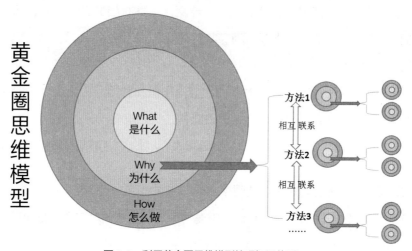

图6-8　利用黄金圈思维模型梳理知识体系

还是以《影响力》这本书为例：看过这本书的人都知道，作者定义的影响力由很多原则构成，例如，权威、互惠、稀缺、承诺和一致性、偏好等，那么我们就可以拿出这些原则，再用黄金圈思维模型，一层层深入地研究。

例如，我们可以用黄金圈思维模型对"互惠"这个原则进行深入研究。

What：什么是互惠？

Why：为什么互惠会影响人？为什么要学习互惠的原则？……

How：如何应用这个原则？有哪些应用场景？

就这样，抓住某个模块的某一个问题，持续往下追问，不知不觉地你就梳理出问题的框架了，如图6-9所示。

建立好基础框架后就表示完成了吗？当然不是，这个时候，我们需要对接触过的多个知识框架进行重新整合和梳理，把获得的零碎信息用更具逻辑关系的框架整理出来，并与自己已有的知识体系结合起来。

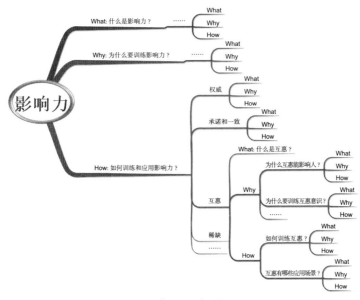

图 6-9 《影响力》分析导图

3．整理框架，与原有认知链接

对于图 6-9 所示的《影响力》的框架，我们可以把它纳入已有的知识体系中，如图 6-10 和图 6-11 所示。

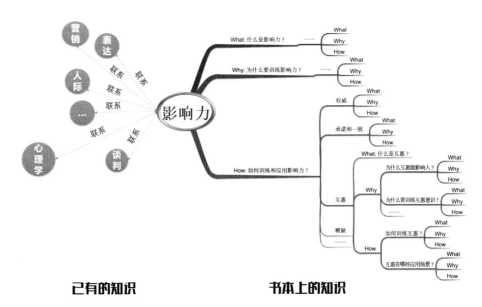

图 6-10 知识链接示意图

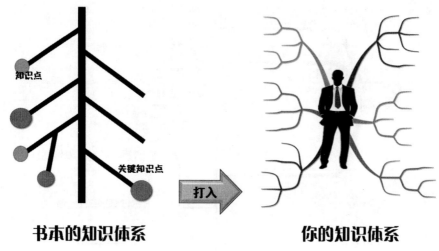

图 6-11　内化知识示意图

完成以上步骤以后，基本就可以解决最初的问题了，但是如果你想对问题有更深入的理解，还需要进行下一步的研究。

4．持续深入：知其然，还要知其所以然

在阅读的过程中，如果你还想对问题了解得更深入，就绝不能简单接受作者给出来的方案，而是要不停地追问，直到搞清楚 What、Why、How 为止。当你把所有关于这个问题的原理都挖掘出来了，涉入的足够深了，那么，也就学会了举一反三，对知识的掌握也就更深入了。

5．主题阅读中的批判性思维

在进行主题阅读的过程中，我们绝不可轻信一家之言，而是要全程带着"批判性思维"的意识。

对同一个议题，其实大师们也会针锋相对。当我们从不同的视角看到不同的内容之后，可以把这些内容综合起来理解，然后就会对这个议题有一个比较全面而深入的认识。

所以，在阅读的任何阶段，都要具有极强的批判和挑剔意识，这样我们可以通过大师的观点来进一步搭建和完善我们的知识体系。

对某个主题如果能完成上述步骤，也就能快速高效地完成阅读了。

第四步　用作品完善框架

最后一步就是针对研究的主题，落实到自己的作品中，例如，写一篇高标准的论文、出一本书或做出一门课程，来形成和完善自己的理论，这一点可以配合我们下一章讲的笔记法，以及后面讲的写作法和写作模板来进行。

这个过程会重新构建你对该主题的认知，让你具有极强的系统意识。

当你成功输出作品，并且能获得他人及该领域的大咖认可后，那么此时的你在这个领域也有一番成就了。

几乎所有的知识都是需要去落地的，因此需要反复的刻意练习，把学到的知识与实际贴合，用理论指导实践，再用实践反哺理论。

我曾经在知乎等平台分享过主题阅读法，虽然收获到了大量好评，但也遭到了很多批评，大部分反对的网友认为这种方法会让读书变得无乐趣可言。

从阅读效率上来说，主题阅读法绝对是最有效率的阅读法，但是没有一种方法论是适用于所有人的，主题阅读法同样有适用范围。

这种阅读方式更适合目的性阅读，也就是在我们有明确需求的情况下使用。如果你阅读仅仅是为了培养兴趣和陶冶情操，那么慢慢品读的方式更适合你。把合适的方法用到合适的场景，它才能发挥出更好的效果，切记不要钻牛角尖。

【本章总结】

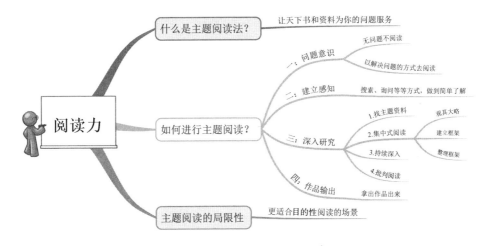

高效笔记术
制作快、易复习、不易忘的笔记法

无论是学习还是工作，都避免不了做笔记。做笔记有很多种方法，如子弹笔记法、康奈尔笔记法、三条线笔记法……形式多种多样，记笔记能帮助我们有效学习和高效办公，但大部分人的笔记都流于形式，他们往往忽略了一个真正的问题，就是做笔记的目的。

做笔记的目的

我们为什么要做笔记？做笔记不光是深入记忆的一种方式，也是一种系统化梳理的方式。做笔记的本质其实就是最大地吸收学习效果和降低复习成本，如图7-1所示。

如果为了追求形式，而忽略了真正的目的，那就得不偿失了。当我们对做笔记有了正确的认知以后，随之而来的一个问题是：如何才能做到"最大地吸收学习效果"及"降低复习成本"呢？

这时就需要我们掌握有效做笔记的3个原则。

图 7-1　做笔记的核心目的

高效笔记的原则 1——重述内容

别人写出来的东西,永远都是别人的技能和思想,只有把他们的思想理解透彻,再用自己的语言表达出来,甚至达到可以把它们教给其他人,让其他人也明白的程度,才能算真正的掌握。这种方式,就是很多人所说的"费曼学习法",如图 7-2 所示。

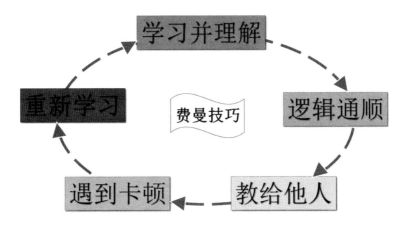

图 7-2　费曼学习法

我们看过的书，学过的内容，也许当时感觉是看懂了，其实，这些以为明白的知识，也许大部分都是错觉，但如果你能用自己的话把其他人的思想精髓表达出来，这个时候才能说明你真正理解了。

将书中的知识点复制粘贴、拍照整理为笔记，这些都是形式，没有实质意义。当你理解一个知识点后，一定要用自己的话重新把它讲述出来，如图 7-3 所示。

图 7-3　理解并重述知识点

对于如何重述内容，可以参考有名的 ORID 模型，如图 7-4 所示。这个模型由四个部分构成，可以把触动我们的知识点快速内化。

- Objective（见）：看到了什么？
- Reflective（感）：带来了什么触动？
- Interpretive（思）：产生了什么思考？
- Decisional（行）：可用于什么行动？

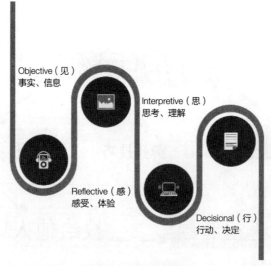

图 7-4　ORID 表达模型

例如，我们学习到了一个概念，叫"重述内容"，那么，按照这个模型即可将该概念内化到自己的知识体系中。

Objective（见）：重述内容的原则就是把学到的知识点用自己的话表达出来，通过自己组织语言，既能加深知识的印象，又能检测自己对知识的掌握程度。

Reflective（感）：以前做笔记只是摘抄，只是完成一次机械式的知识搬运，自己并没有理解，给自己造成了理解的错觉。

Interpretive（思）：重述内容的原则是否可以迁移到其他领域呢？例如，迁移到管理上，让员工重述传达指令，是否就是利用了这个原理呢？

Decisional（行）：以后做笔记的时候，一定要把学到的知识点用自己的话表述出来，甚至理解程度超越原作者。

用这个模型梳理下来，就可以完成从输入到输出再到指导行动的一整套闭环流程，真正地帮助我们将所学知识内化为自己的。

高效笔记的原则 2——结构化内容

做笔记 **如何将笔记结构化**

做笔记的方式多种多样，但是怎样将笔记结构化呢？接下来先做一个小测试。请花十秒钟记住以下数字，如图 7-5 所示。

8520740196314725 8369

你记住上面的数字了吗？
现在闭上眼睛，开始回想……

图 7-5　杂乱的数字

然后，你再用十秒钟记住以下数字，如图 7-6 所示。

00112233445566778899

图 7-6　有规律的数字

为什么你无法在短时间内记住图 7-5 中的数字，却能很快地记住图 7-6 中的数字？

认知心理学早就证明，我们的大脑喜爱有逻辑、有规律的东西，而排斥不成逻辑的东西。乱七八糟、毫无逻辑的笔记除了让我们感觉头大或者有个心里安慰，再没有其他作用。而当我们把笔记按照逻辑关系结构化后，整个知识体系的框架就会一目了然，复习和吸收效率就会非常高。

那么，如何结构化笔记内容呢？下面介绍两种方式。

1．自上而下结构化

举个例子，假设我们想知道一共有多少种水果，那么该如何计算出来呢？如果你掰着指头开始数：苹果、西瓜、桃子……也许还没数几个，脑子就一团乱了。

我们可以借助思维工具，如思维导图中的树状图，来整理水果大家族的关系。从水果这一个主题门类往下分，可以分成有果核的水果和无果核的水果；然后顺着这两个门类继续往下分，还可以分成有果核水分多的与有果核水分少的，以及无果核水分多的与无果核水分少的……

这样，我们就自上而下得到了一个清晰的结构，如图 7-7 所示。

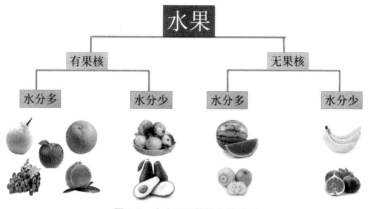

图 7-7　自上而下结构化笔记图

2. 自下而上归纳出主题

告诉你一堆水果：梨、苹果、葡萄、牛油果、枣子、无花果等,可以将它们分门别类,并归纳出不同种类的特征。例如,牛油果和枣子的共同特征就是都有核,且水分都不多。以此类推,最终可以整理出一套框架结构。这就是自下而上结构化的方法,如图 7-8 所示。

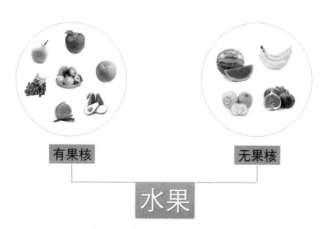

图 7-8　自下而上结构化笔记图

维度划分　**让笔记更清晰**

做笔记还涉及一个维度问题。在结构化内容的时候,我们可以根据它们的共同特征，选择多个维度。例如，前面对水果的划分其实就用了"水分"和"果核"这两个维度。除此之外，我们还可以用其他维度来划分，如图7-9所示。

图7-9　维度划分示意图

当我们在结构化内容的时候，并没有一个具体的标准规定选择什么维度，每个人都可以根据自己的喜好任意选择维度，不过最好遵循MECE法则。

MECE法则全称为Mutually Exclusive Collectively Exhaustive，中文意思是"相互独立，完全穷尽"。也就是对于一个重大的议题，能够做到不重叠、不遗漏的分类。

下面举一个例子：人类可以分成男人和女人，这两个维度涵盖了整个人类群体，如图7-10所示。

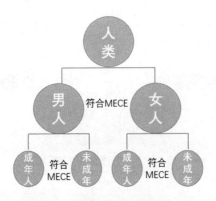

图7-10　MECE法则示意图（1）

同理,成年人和未成年人这两个维度也可以涵盖整个人类群体,所以是符合MECE法则的。但是图7-11和图7-12就不符合MECE法则了,图7-11中老人和小孩并不能涵盖整个人类群体,因为人类还有婴儿、青年等,不符合MECE法则;而图7-12中,男人和女人包含了小孩,而小孩也有男有女,这样概念就重叠了,也是不符合MECE法则的。

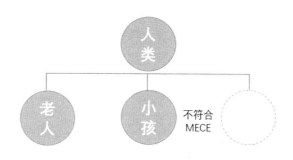

图7-11　MECE法则示意图(2)

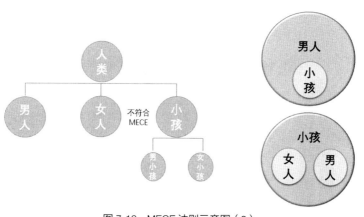

图7-12　MECE法则示意图(3)

所以,当你在选择维度的时候,最好是用MECE法则审查一下,确保做出的结构没有漏洞。

总体而言,可以按照以上讲的原则构建知识体系的结构:先找出它们的大主题,再找出大主题下的小主题,然后是小主题的支撑论点、论据,接着是小主题与小主题的联系,等等。这样做之后,思路将会变得非常清晰,如图7-13所示。

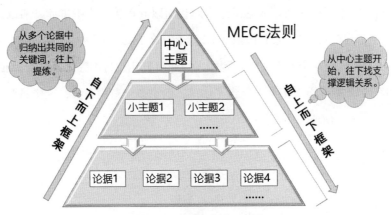

图 7-13 结构化构建示意图

高效笔记的原则 3——视觉化笔记

假设在生物课堂上，老师向同学们介绍了一种植物"风信子"，如图 7-14 所示。

风信子是多年草本生球根类植物，鳞茎球形或扁球形，有膜质外皮，外被皮膜呈紫蓝色或白色等，皮膜颜色与花色成正相关。未开花时形如大蒜。叶4～9枚，狭披针形，肉质，基生，肥厚，带状披针形，具浅纵沟，绿色有光。花茎肉质，花葶高15～45厘米，中空，顶生总状花序；小花10～20朵密生上部，多横向生长，少有下垂，漏斗形，花被筒形，上部四裂，花冠漏斗状，基部花筒较长，裂片5枚。向外侧下方反卷。根据其花色，大致分为蓝色、粉红色、白色、鹅黄、紫色、黄色、绯红色、红色等八个品系。原种为浅紫色，具芳香，蒴果。

图 7-14 老师的描述

听完老师的这段描述，大家可以想一下，你的脑海中能够浮现出风信子的样子了吗？是不是依然摸不着头脑？但是如果用图片来介绍风信子，如图7-15所示。相信大家对风信子会更容易识别，并留下印象。

图 7-15 视觉化笔记——图片

即便用文字将一个事物描述得很详细，还是不如图片展示更为直观。这就是所谓的"一图胜千言"。

认知心理学早就证明，人的大脑处理图片的速度比处理文字速度快得多。相对于文字信息的处理，人类的大脑更擅长处理生动形象的可视化图片。这就是为什么很多人看书昏昏欲睡、看视频却津津有味的原因。

做笔记也是一样，以视觉化形式呈现，学习效率是最好的。那么，如何做视觉化笔记呢？做到下面三步就行了，如图 7-16 所示。

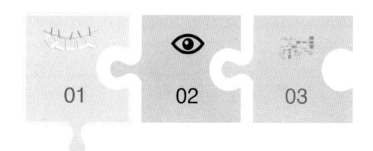

图 7-16 视觉化笔记步骤

1. 转化成图像

例如，在《刻意练习》这本书中，作者用了很长的篇幅来说明刻意练习的最佳适用场景，对于这一大堆枯燥的文字，如果进行视觉化呈现，会让人更容易理解和接受，如图 7-17 所示。

图 7-17　视觉化呈现

所以，做笔记的时候，可以运用符号、箭头、链接逻辑、图表等可视化的素材，将文字转化为图像。

2．视觉化复杂内容

很多书中往往有很多复杂的论述，看起来让人头大，这时就可以利用视觉化呈现。还是以《刻意练习》这本书来举例，里面有一个章节，作者用很长的篇幅来说明刻意练习构成的流程，文字很多，理解起来并不容易，但是如果把这段内容图形化以后，就很好理解了，如图 7-18 所示。

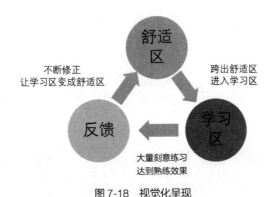

图 7-18　视觉化呈现

对于有些内容，如果能用图片呈现出来，即便没有原文描述，读者也能理解作者要表达的意思，这就是视觉化的力量，我们之前讲过大脑不善于文字处理，而喜欢图片和图像，因此能用视觉化表达的，尽可能不做文字笔记。那么，除了图片外,还有什么视觉化的笔记呢?答案是思维导图。

3. 思维导图:重述 + 结构化思维 + 视觉化

思维导图就是将视觉化和结构化思维结合起来做笔记,也是最有效率的做笔记方式。对于那种密密麻麻的笔记和条理清晰的思维导图,哪个更容易理解呢?图 7-20 为读书的笔记,每一个要点都被分解出,然后又细化为小的点,看起来逻辑更加清晰,更易理解。

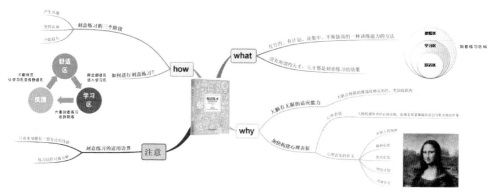

图 7-19　视觉化笔记

看到这里,你或许就明白了,其实我们不用学习那么多笔记法或各种花里胡哨的技巧,只要满足了高效复习和最大吸收学习效果这两大原则,做的笔记就是好笔记。

【本章总结】

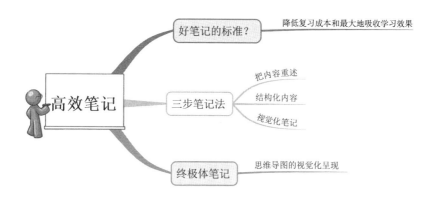

训练 8

超级记忆力
如何有效记住想记住的一切

社会在不停地发展,一个人如果不学习就会落在别人的后面。然而,为了迎接新变化,就要学习很多新知识,而我们的大脑无法像计算机一样高效处理信息并保存,人的记忆力总是有限。那么,你有记忆力的困扰吗?学过的内容是不是转眼就忘完了?反复背诵的知识点,一到考试就想不起来了?……那么,怎么才能记住自己想记住的一切?

记忆的原理:如何记住一段信息

首先,我们先回答一个问题:什么是记忆力?

简单来说,记忆力 = 记的能力 + 忆的能力。换成更加科学严谨的说法,记忆力 = 编码 + 提取。

在科学领域,记忆力的"黑箱"早就被科学研究打开了,其实用一张图就能概括记忆的原理,如图 8-1 所示。

这张图是什么意思呢?我们先来了解一下"记"的问题:我们是如何记住一段信息的?

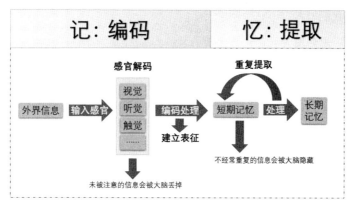

图 8-1 记忆原理框架图

接下来,我们看一幅图片,如图 8-2 所示。

图 8-2 案例示意图(1)

从图中,能够看到什么呢?

你可能会马上说:这不是苹果和香蕉吗?

没错,正如你所说。

那么,接下来,我们再来看一幅图,如图 8-3 所示。

图 8-3 案例示意图(2)

从图 8-3 中又能看出什么呢?大家肯定会说:橘子啊!

没错,答案也是正确的。

现在，我们思考以下几个问题。

为什么一看到图片就能认出上面的物品？

苹果和橘子都是圆的，你为什么不会把它们认错？

你为什么会对它们的印象如此深刻？

你是如何记住它们的？

其实，这些问题的答案很简单，因为大脑对这些图片及上面的物品进行了编码，为它们建立了清晰且不同的表征。

什么是表征呢？表征属于认知心理学的概念，指的是信息在大脑中的呈现方式，是一种信息记载与表达的方式，即能把某些实体或某类信息表达清楚的形式化系统，以及说明该系统如何行使其职能的若干规则。

也就是说，我们感知到某个物体，然后通过感知器官捕获到它的种种特征，如看到的、听到的、闻到的……然后把它们结合起来在大脑中形成一个形象。概括而言，表征就是某物、某事或某人在我们头脑的"印象"。

下面来看一个例子，提到榴莲、臭豆腐，你脑子里浮现出了什么？

提到榴莲，你可能想到的是一个金黄色的像流星锤一样布满刺的东西，它浑身散发着刺鼻的臭味，内部的果肉却很清香软糯……

臭豆腐则是一块块刷满调味酱的豆腐块，离十里八里远都能闻到它们的闷臭味……

这些特征的总和就是榴莲和臭豆腐在我们心中的表征，当我们看到这些表征，就能够正确区分榴莲和臭豆腐，并能清楚地知道榴莲的特点，如图8-4所示。

图8-4　榴莲表征示意图

再举一个抽象的例子，如《两只老虎》这首歌，它就是将音符按照特定模式组合出来的，这种具有辨识度的旋律就是《两只老虎》这首歌的表征，如图8-5所示。

两只老虎

1=C 4/4

| 1 2 3 1 | 1 2 3 1 | 3 4 5 — | 3 4 5 — |
两 只 老 虎，两 只 老 虎，跑 得 快， 跑 得 快，

| 5·6 5·4 3 1 | 5·6 5·4 3 1 | 1 5 1 — | 1 5 1 — |
一 只 没 有 眼 睛，一 只 没 有 耳 朵，真 奇 怪， 真 奇 怪。

图8-5 《两只老虎》简谱

我们认知事物，就是通过感官获取该事物的信息，然后把它们的特征提取出来进行编码，形成表征留在我们的大脑中。所以记忆深刻的本质就是编码表征，编码表征的方式可以决定记忆的深刻程度，表征越清晰，记忆越深刻，如图8-6所示。

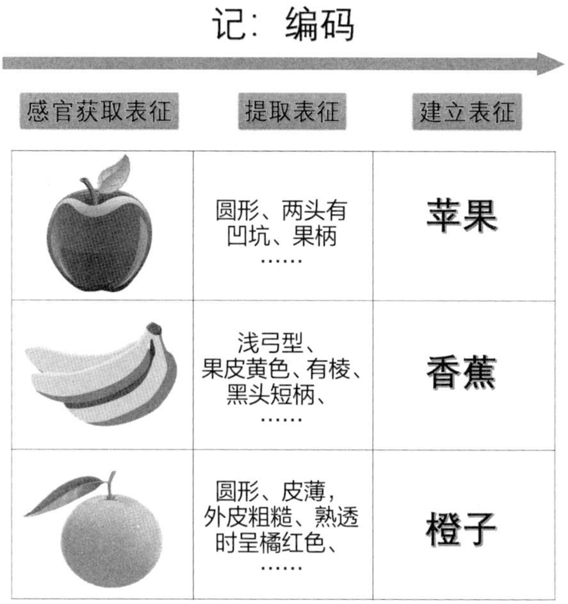

图8-6 编码表征

让记忆更深刻的"记字诀"与"忆字诀"

关于"记字诀"与"忆字诀",分别有"三板斧",只要能把这些方法运用到记忆场中,将会使记忆非常深刻。

"记字诀" 三板斧

1. 高度集中注意力

我们先做一个测试:盯住如图 8-7 所示的这张图看十秒钟,看看你能记住什么内容。

图 8-7　房间示意图

是不是有点晕?没关系,我们再来一次,现在遮住上面的图,回想一下,图里有几个枕头?它们在哪里?

是不是答不出来?为什么会这样?

很简单,如果被记忆的目标不清晰,你的注意力就会不知道该往哪里集中,就难以在大脑中形成表征。因此,我们的大脑是不会记住没被我们注意的东西的。

假如现在告诉你,两张床上面的天花板分别有一个小射灯,请问你对它们有印象吗？

我们再来尝试下，请先记住房间里有哪些东西，然后在大脑中描绘出它们的位置关系。

怎么样，现在你还是一头雾水吗？

虽然你可能对房间的一些细节印象模糊，但是至少不会像刚才那样印象模糊了，你应该能大概描述出这是一个什么样的房间了，也就是说，你现在对这个房间的布置有了记忆。

从这个简单的案例就可以观察到，我们大脑有两个"记"的规律。

- 没有被大脑注意的东西，即使出现在我们的感官范围内，我们通常也会忽视它，而不会记住它。
- 大脑的一次性内存非常有限，它能记住框架，不可能记住所有细节。

在学习中，怎么运用这些规律提升记忆力及学习效率呢？有两种方法。

方法一：设定目标，让大脑注意到它

以看书为例，很多人看完一本书后很快就忘了它的内容，甚至都不记得自己看过这本书，其实很大一部分原因就在于，自己不知道为什么要看这本书，在这种佛系心态的驱使下，导致注意力无法集中，无法产生深度思考，结果就是没有记住读的内容。

一旦阅读有了目的、有了方向，感官就会格外敏感，注意力也就会集中在自己想要的内容上了，我们就很容易对它产生深度思考。有这么一个编码的过程，就会形成一条清晰的表征，我们就非常容易记住书里讲了什么。

这就好比独自去一个陌生的地方旅游，一种是抱着佛系心态，走到哪玩到哪；另一种则是特别留意沿途的标志性建筑物。这两种旅游方式，你觉得二者哪个印象会更深刻？这也能体现出前面提到的"问题意识"，是有科学的理论作为支撑的。

方法二：先框架，再细节

我们还是以阅读为例，很多人看一本书时，总是试图把所有的知识点都记住，这其实很难做到。

我们的大脑擅长记轮廓，这就好比你刚认识一个人，你会根据他的身形、身高、脸型、五官等勾画出这个人的轮廓，并形成初步印象，而不会纠结对方脸上有没有青春痘或者小雀斑。

同理，假如你想记住一本书的内容，首先应该在大脑中建立这本书的轮廓，也就是了解它的核心观点及行文逻辑。而想做到这一点，可以借助思维导图。

当有了一个框架作为支撑，就会很容易记住细节；相反如果没有框架，即使记住了某些细节，但由于它们彼此孤立没有联系，你也会很容易忘掉，这就涉及我们接下来要讲的"记字诀"了。

所以，当你学习某些东西的时候，先不用把自己的大脑资源用在记忆细节上，而是应该观其大略，了解其大致轮廓，再去填充细节。如此，你学和记的效率就会立刻提升！

2．强刺激

所谓强烈的刺激，指的就是在记忆某信息的时候，尽可能地让所有感官都参与进来，把感官调动到极致，给予大脑强烈的刺激。

为什么？

因为这是人类大脑的演化规律，感官是我们获取外界信息的通道，是我们适应环境的产物。从进化论的角度来说，强烈的刺激增大了人类在茹毛饮血的环境里的生存概率，大脑也最容易记住，如图 8-8 所示。

图 8-8　六感示意图

例如，鲜艳的蛇有毒，这属于视觉刺激；原始森林中猛兽的怒吼声，属于听觉刺激；如果你处在阴郁潮湿的陌生环境中，会感觉到恐惧和不适，此时你的注意力就会高度集中，以便随时对危险做出反应，这属于感觉刺激；腐肉的臭味和饭菜的香味是嗅觉和味觉的刺激。

此外还有触觉刺激，例如，下雪了，你能感受到冰雪的寒冷，这种体感会提醒你多加衣物；受伤了，你会感觉到疼痛，而疼痛感会提醒你避免做出让伤口雪上加霜的伤害……

这一系列机制都是生存的需要，是身体的保护机制，外界的东西越能调动大脑，大脑就越会记住它们！

所以，我们应该顺从这个规律，充分调用六感来记忆。

3. 有规律

下面我们来做一个小小的测试。

假如你的家人让你出门帮忙买点东西，她是这样告诉你的：

"买点啤酒、香蕉、杯子、五花肉、茄子、拖鞋、酱油、醋、味精、土豆、花椒，对了，再买点鸡蛋……"

听到这样的描述，你是不是有点晕？假如不让你拿笔写下来，只用脑子记，你能记住吗？

其实，可以把这些要买的东西分为四类，如图8-9所示。

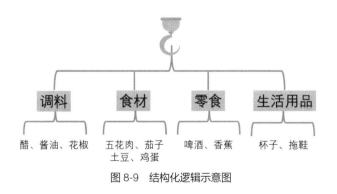

图8-9 结构化逻辑示意图

怎么样，是不是记忆难度骤然下降？因为这样分类会让我们大脑感觉是有规律的。学习也是同样的道理。

零碎、没有逻辑、没有规律的东西，记忆起来会比较困难。如果只是机械地去记忆，则无法让知识与知识之间形成链接，就很难记住这些知识。

所以，有效记忆还是要建立知识体系。因为只有这样，知识才能被你的大脑内化到长期记忆之中。

有一个将"记字诀"三板斧结合起来的典型案例，那就是看电影，下面以看电影为例。

- 有明确的观影目标，可以集中注意力。
- 可以充分调动视觉、听觉，甚至是味觉、触觉等。
- 电影的情节环环相扣，有强烈的逻辑关系。

根据这三板斧，当你看完一场两个小时左右的电影，虽然无法记住每一帧画面，但是能描述整个电影讲了一个什么样的故事。即使过去很久，你也能记得这部电影的剧情。

"忆字诀" 三板斧

讲清楚了"记"方面的内容，下面再来讲一下"忆"方面的内容。先看这样一个问题：你觉得自己的忘性大吗？

你可能会说："经常忘啊，刚看完书的时候有点收获，过几天就忘了。"

可能很多人都觉得自己忘性大，但真的没有记住吗？其实只要进入大脑的信息，你都没有忘掉，只不过是被大脑隐藏了。

你回想下，自己在生活中有没有下面这样的体验。

你遇到某一个人，虽然想不起来他的名字，但你就是觉得他很面熟！

以前做过的某个题目，由于过去太久，你完全忘记了怎么做，但是如果让你重新学习一次，则很快就可以解出来。

……

这样的案例我们可以举出无数个，对于一个东西或一件事，你接触之后再接触，和从来没有接触过，感觉是完全不同的。之所以会这样，就是因为我们的大脑记住了它，只不过大脑为了节省能量，会把大量对当下生存无益的信息压到低能耗的潜意识中。

看到这里你可能有点困惑,既然我的大脑都记住了它们,为什么用的时候想不起来呢?

原因也很简单,因为你没有给信息建立可以被提取的线索!

例如,当你看见某个人时,只是觉得这个人面熟,但是完全想不起来他的名字。然而,如果他提醒了你:"哥们,你还记得上次在……"你可能会恍然大悟:"啊,原来是你啊。"这是因为他的信息给你建立了能被提取的线索,如图8-10所示。

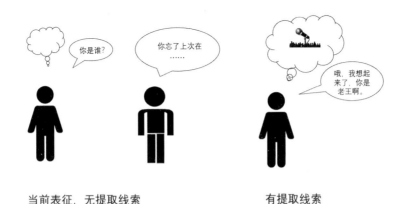

图 8-10　提取线索示意图

之所以想不起来之前学过或者看过的知识、信息,就是因为缺少这样一条提醒式的线索,一旦有了线索,我们的大脑就会立刻想起来!

法国的文学巨著《追忆似水年华》中描述过这样一个场景,小说的主人公在一个寒冷的冬天吃到了一个叫玛德琳蛋糕的小点心,当带着点心渣的茶杯碰到他的下颚时,他突然想到自己小的时候也在姨妈家吃过,于是他就回忆起姨妈家的楼房、街道,一切历历在目。

你有没有过这种体验?当生活中有个东西突然触动了你,尘封的记忆就会被开启,它或许是某个东西、某个人、某首歌、某句话、某个场景,或许是你童真的回忆……

看到这里,你就应该明白了,以前学过的知识,之所以在用的时候想不起来,就是因为没有提取的线索,只要线索足够强大,就可以将它们信手拈来。

前面已经说过,大脑有一套节能和保护机制,它会把当下不利于我们生存的信息压入潜意识中，而对当下使用最频繁的信息给予特别照顾。

关于这个过程，畅销书作家成甲老师曾举过一个非常形象的例子，他说：这就好比开辟一条路一样，刚开始是条小道（短期记忆），但是如果你经常修它，这条路经常有人走，这条路就会越来越宽，最后变得很坚实，这个过程用科学的术语比喻就叫长期记忆。相反，如果你开辟完这条路之后，再也不去管它，不去走它，它就会越来越窄，最后年久失修，彻底坏掉（线索断开，遗忘）。

所以，形成长期记忆的第二点就是重复，换成更严谨的说法就是增加提取记忆的次数，如图8-11所示。

在知道了"忆字诀"的能力是由线索数量及提取强度两部分构成的之后，那么如何做到终生不忘呢？

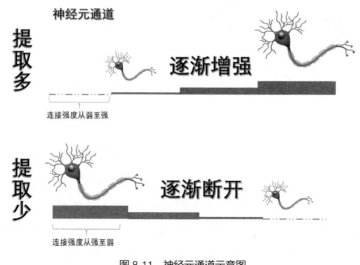

图8-11　神经元通道示意图

与前面的"记字诀"一样，"忆字诀"也有三板斧。

1. 有链接

对于链接，就是在学习的时候，不要孤立地学习和记忆某个知识点，而是要尽可能地去链接其他知识点，链接的越多，这个知识点可被索引的场景线索就越多。

例如，当我学习"沉没成本"这个概念的时候，不会停留在概念本身，而是会去做链接性思考。

这个概念和我目前有什么关系?

这个概念在"投资"上有哪些应用场景?

在"营销"上怎么使用?

在"爱情"上有哪些应用?

在"做决策上"有哪些应用?

这个概念和"旁氏骗局"有什么关系?

这个概念和"传销"有什么关系?

这个概念与另一个概念"机会成本"有什么关系?

……

通过以上方式,在给知识点创造大量的链接后,它们就会形成一张庞大的关系网,然后我们就可以在无数的场景中索引到它,如图8-12所示。

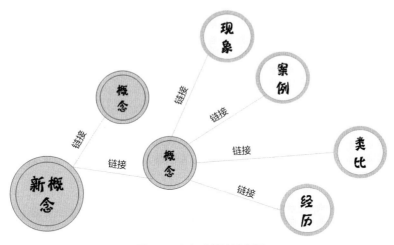

图8-12 知识点链接示意图

2. 场景化引入

什么是场景化引入呢?意思是不要孤立、抽象地去记忆,而是放入一个生动、清晰、可感知的场景中去记忆。

例如,当提到《西游记》时,你会想到什么?

你可能会想到以下几个主要人物：

唐僧、孙悟空、猪八戒、沙和尚……

还可能想到以下几个故事要点：

猴王出世、悟空学艺、大闹天宫、西天取经、三打白骨精、过火焰山……

为什么这些形象在你脑中如此清晰？因为有场景、有故事，你是通过一系列故事串起这些形象的。假设没有书里的一系列故事，这些形象就不会如此饱满，你也就不容易记住。

所谓场景化记忆，就是把要记忆的内容和清晰生动的场景结合起来，最好是一个画面、一个故事。场景越清晰，越有冲突，你的线索就会越多，印象也就会越深刻。

在我的学习过程中，场景化记忆的一个最典型运用就是学英语。很多人背英语单词都是采用"英文对中文"这种死记硬背的方式，这种学习英文的方式不但枯燥而且会很累。有的单词有多达几十上百种词义，采用这种机械式的背法，效率会很低。

但如果结合场景化去背单词，即将单词放到具体的语境中记忆，将会加深对单词的理解和记忆。例如，经典电影《勇敢的心》中有以下情节。

主人公华莱士为了让部族人民免除战争的痛苦，他接受了明知是圈套的贵族的"和平谈判"，结果陷入圈套被判处绞刑。在执行死刑的时候，贵族让他说出求饶的话便放了他，但华莱士宁死不从，带着他的信念说出："也许我们害怕死亡，也许我们想苟且偷生，但我们不会放弃呼喊自由的勇气！"

说完用尽全身最后的力气，对刑场所有的人，喊出了那句令贵族们错愕的：Freedom（自由）！那一刻画面慢下来了，所有人都被他的信念所感染。

从此之后，"Freedom"这个词就永远地留在了我的脑海里，而且更重要的是，由于我记得不是干巴巴的中文意思，而是通过这个注入灵魂的场景记住它的，我就很清楚"Freedom"所表达的内涵是什么，它可以用在哪，以及承载的含义是什么，这个词彻底在我脑中留下了极其深刻的印象。仅仅是看一遍电影，这个单词就让我终生难忘，这就是场景化记忆的作用。

3. 高重复

如果一些事情没有足够的数量级，就没办法做到信手拈来，所以要有效重复，做事才能驾轻就熟。那么，如何做到有效重复呢？根据经验，我总结了以下两个方法。

方法一：主动回想

以复习为例，很多人在复习的时候，会拿着笔记本把当天学习过的知识看一遍，以为这样就可以了，其实这是自欺欺人的做法。

所谓主动回想就是：合上笔记本，在脑子里回想今天学过的内容，如果有记忆不清晰的地方再拿出笔记本查看，如此反复这个过程，直到将所有的内容都弄明白，这才是最有效的重复。

方法二：人性化复习策略

想要了解人性化的复习策略，需要先了解一下艾宾浩斯遗忘曲线，如图8-13所示。

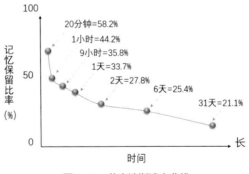

图8-13 艾宾浩斯遗忘曲线

这个曲线揭示了我们的遗忘规律，意思是，如果你想要高效记忆，最好的复习策略是学习后20分钟复习一次，一小时后再复习一次，9小时后再复习一次，一天后……

但是用艾宾浩斯遗忘曲线去学习的人，最后基本上都放弃了，而真正学会的那些人，几乎都不用艾宾浩斯记忆法。

为什么？因为在高节奏的现代社会中，很多人无法承受这样的复习强度。所以，即便它揭示了遗忘规律，也有很多人依然觉得不适应这种重复记忆方式，这种近乎机械式的复习策略，让人很难坚持下来。

那么，有没有既适合当前高节奏生活，又能抗遗忘的高效复习方法呢？当然有，介绍一种我常用的复习策略——"黄金二点法"。

所谓"黄金二点法"，指的就是：早晨起床后、晚上睡觉前，用好这两个时间点来记忆。

你有没有这种体验：如果在睡前提醒自己第二天要做什么，第二天早上醒来后会记得非常清楚。早晨就更不用说了，大脑休息了一夜，精力充沛，此时无论是学习新的知识，还是复习学过的知识，都会达到前所未有的高效率记忆效果，如图 8-14 所示。

图 8-14　黄金二点法

"黄金二点法"的原理就是认知心理学中的"倒摄抑制"和"前摄抑制"理论，这两个都是造成遗忘的干扰因素，对于其专业内容感兴趣的读者可自行了解。

总之，我们只需要明白一点：想要提高记忆和复习效率，要学会利用"早晨"和"睡前"这两个时间点。

"记忆"六板斧的综合理解与运用

"记字诀"和"忆字诀"的六板斧在前面已经讲过了，只要能将这六板斧的原则灵活运用，也就拥有了高效的记忆。其中，"高集中""高重复"很容易做到，但是其他四板斧应该怎么结合起来运用呢？

我们还是以一段数字举例,感受下这四板斧混用的结果,如图8-15所示。

58599870665923701314

图8-15 无序数字

如果让你在十秒钟内必须记住这串数字,也许你会非常紧张,觉得不可能记住。

这串数字看上去没有什么规律,确实不易记忆,但如果换成场景记忆,也许就可以让你做到在十秒钟内记住这串数字。

你可以默念一句口诀:

我爸我舅(5859)在酒吧(98)看到麒麟(70)在玩溜溜球(66),我舅爱上了麒麟(592370),发誓要一生一世(1314)和它在一起。

看完这组口诀后,这串数字是不是变得容易记忆了呢?这就是谐音记忆法,我们一起看看在使用谐音记忆法过程中的方法吧。

1. 有逻辑

在记忆信息的时候,先整理出结构,找到它的规律。

以上面的数字为例,我们先采用"有逻辑"的原则,让大脑可以顺畅地识别它。我将这串数字分成了四组内容,并且前后是有逻辑的,这样一来,记忆难度就瞬间降低了很多,如图8-16所示。

5859 | 987066 | 592370 | 1314

图8-16 数字分组

但是,这四组内容分别是什么意思呢?下面我们引入"强刺激"原则,来具体讲讲它们的含义。

2. 强刺激

第一组：【5859】这组数字原本完全没有意义，但是通过谐音编码后，就变成了两个人：我爸我舅，这些数字就有了意义。

第二组：【987066】这组数字原本也完全没有任何意义，通过编码：98变成了"酒吧"，70变成了"麒麟"，66变成了"溜溜球"，这些都是我们可以感知的实体，把它们串起来就是"麒麟在酒吧玩溜溜球"。

第三组：【592370】这组数字变成了"我舅爱上麒麟"，这种荒诞的说法能够刺激了感官，令人记忆深刻。

第四组：【1314】这组数字是我们非常熟悉的，原本它没什么意义，但是我们都认为它代表爱情，所以把它编码成"一生一世"，瞬间就可以记住。

除此之外，你还有很多可以采用的编码方式，例如，58=尾巴，14=钥匙，等等。如果你认为有意义，都可以进行联想。

接下来，为了让大脑对要记忆的内容印象更深刻，可以再用"场景化引入"的原则，把它构成画面或者编成故事，让数字变得鲜活起来。

3. 场景化引入

将"我爸我舅""酒吧""麒麟""溜溜球"等需要被记忆的要素，放入一个场景中，让它们形成一个荒诞的故事。

我爸我舅去酒吧喝酒，看到了麒麟在玩溜溜球，看完麒麟的表演之后，我舅不可救药地爱上了麒麟，并且发誓要爱它一生一世。

有了这个故事，你就可以轻松地记住那串原本毫无意义的数字了。

注意，在这个过程中，一定要在脑海里勾勒出场景，只要故事不忘，这串数字也就忘不了，这就是场景化的效果。

当然，你可能会问，万一忘了故事，怎么办呢？这个时候，我们就要加上第四板斧了。

4. 有链接

我们前面反复提到过，如果你不想把知识学死，而做到灵活运用，就必须想办法把该知识和其他知识关联起来,这样索引它的线索就会越多。

那么,以上这堆数字也可以运用这个原则吗?

当然可以!

最简单的就是把这句话和"我爸"或"我舅"关联起来,把他们二人作为提取这个故事的线索,每次见到他们就想想这个故事,将会很难再忘掉。此外,酒吧(98)、麒麟(70)、溜溜球(66)等关键词都可以作为提取线索。

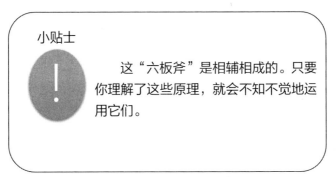

小贴士

这"六板斧"是相辅相成的。只要你理解了这些原理,就会不知不觉地运用它们。

记忆技巧的应用边界

我们常常羡慕那些记忆力超群的人,希望自己也能拥有过目不忘的"超能力"。其实在现实世界中真的存在这样的记忆超人,他就是金·皮克,美国经典电影《雨人》中雷蒙的原型。

他被人称作"天才",因为他拥有超常的记忆能力,精通从文学到历史在内的15门学科,能一字不漏地背诵至少9000本书,堪称"照相机式的记忆力"。然而,金·皮克几乎没有任何抽象理解能力。他也没有任何社交能力和生活自理能力,甚至不会扣衣服上的纽扣,所以被称为白痴学者(用于描述那些拥有非凡记忆但思维能力存在严重缺陷的人)。

其实,这个故事也告诉了我们:如果掌握了提升记忆力的技巧,可以在一些特定场合占据优势,极大地促进学习效率,但是我们也不能盲目地崇尚技巧,而忽略了思维认知能力，相对于技巧来说，思维认知能力才是决定我们生存和发展的关键技能。

以盖房子为例，"记忆技巧"就好比房屋的砖瓦边料，但是房子怎么盖、盖成什么样、如何保证安全……就不是记忆技巧所能解决的问题了。

所以，记忆技巧的有效性取决于知识本身，我们可以运用技巧来记忆那些经过充分论证的知识点，而对于那些可迁移的知识来说，技巧近乎无效。

也就是说，如果你只是想应付考试，完全可以运用记忆技巧，但是如果你想真正理解某些内容，就得依靠大量的思考和运用。

正如教育心理学家威廉厄姆所说："记忆是思考的残留物。"完成思考后，知识自然而然就被你内化了。总之，我们应该把大量的时间用在思考上，而不是用在怎么记住它们。那些不是刻意去记忆却留存下来的东西，才是最有价值的。

【本章总结】

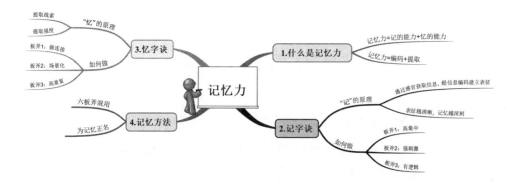

训练 9

写作输出力
如何利用所学知识创造价值

> 如果要赋予你一种能力,当你掌握它之后,就相当于拥有了这样的"员工":终生为你服务,并且不知疲倦地传播你的思想,为你链接资源和人脉,创造财富。这会是一种什么样的能力呢?
>
> 这不是什么神奇的能力,而是写作能力,你所写出的每一篇文章都是你的忠实"员工"。

写作的价值

英国知名作家J.K.罗琳凭借《哈利·波特》这部作品,于2004年荣登《福布斯》富人排行榜,身价达到10亿美元,财产数量甚至超过英国女王。现在每年纯靠版税,J.K.罗琳的收入就达到数亿美元,而且这部作品仍然在持续地影响着无数人。

山西娘子关电力厂的一名普通计算机工程师刘慈欣,无聊的时候喜欢写点东西,最后写出了一本书,叫《三体》,被翻译成十几种语言。刘慈欣本人也从名不见经传的小工程师成功转行成为作家,他在2018年的版税收入就达到了1800万元。

过去,写作对很多人来说,的确是一件门槛很高的事情,但是在互联网时代,每个人都有机会对全世界表达自己的观点。李笑来曾经说过这样一句话"写作是

一种可以把你的时间批量出售多次的利器"。

这句话是什么意思呢？

假如你是一个理发师，一次只能为一位顾客服务。但是写作者不一样，只要文章写出来了，就可以通过互联网为无数人服务。这些文章经过传播，能让别人来了解你的思想、认识你、关注你，从而创造更多的机会……

所以，一旦你掌握了写作能力，就相当于给时间加了杠杆。写出一篇文章之后，任何人在任何时候都有可能看到你，会把你的个人影响力放大百倍，甚至千倍、万倍。

在如今互联网信息化的时代，写作能力可以说是基础的元能力，写报告要用它、做视频要用它……掌握了写作能力，也就拥有了影响他人的力量。普通人通过写作成为超级大 IP（个人品牌）的案例比比皆是。

写作也是学习方式　没有输出的学习没有效果

经常有朋友问我：我们学习同一门课、看同一本书，为什么我看完就忘了，你却记得这么清楚，还能学以致用呢？

其实答案很简单：我除了看，还会思考并把自己的观点写下来，发到网上，把别人也教会。即使我理解的有错误，网上也有很多"免费"的老师给我反馈，帮我指正。

在学习中，如果我们只有输入而不输出，就会陷入"收获的错觉"：当时觉得收获满满，结果睡一觉就忘完了。造成这种错觉的原因就是我们没有对知识点进行深入的思考和链接，这些知识点在大脑中就像孤岛一样，而这种毫无指向的内容，很快就会被大脑清理出去。

所以，只有输入没有输出的学习是没有效果的。如果你将看过的内容通过写作输出，它们将会内化到你的大脑里，从而加深你的记忆和认知理解。

用输出倒逼输入　意识到无知才会进步

我有一个非常重要的成长利器，就是给自己设立成长标准。这个成长标准很简单,就是看看自己是否每天都能写出有价值的东西,如果写不出来就说明输入和思考的不够。通过每天写作,我发现自己的成长速度越来越快。

如果你今天没有学习,没有对一件事进行深入的思考,你就会不知道写什么;如果你每天都有东西写,而且写出来的质量还不错,这就说明你每天都有新的知识。

所以,用写作输出的方式正是检验你今天有没有进步、有没有成长的一个重要标准,通过写作进行输出,能够让我们意识到自己的无知,从而去倒逼我们进行输入,来获得叠加式的进步。

写作的误区

在开始动笔写作之前,一定要了解并扫清思想上的一些误区。

误区一　写作需要很好的文笔

很多人把写作看成一件门槛极高的事情,其实这是对写作最大的误解。

写作并不是写作文,写作文可能要遵循一定的标准,但是写作却不用,只要你在进行思想输出,你就是在写作,你要做的就是把话说清楚。即使你现在无法顺畅地表达自己的观点,也能通过大量的写作训练做到这一点。

误区二　等准备好了再写

有些人担心自己写不好,认为自己的知识储备不足,想先学习到一定程度再开始写,因此迟迟没有动笔。其实这是写作最大的误区,在真实的写作过程中一定会遇到问题的,要带着问题去思考,并找到解决问题的方法,需要什么学习什么,这才是有的放矢。人的成长从来不是把所有东西准备好才开始的,而是从最烂的开始,一步步成长起来的。

在写作的过程中,你根本就不需要担心文章写得很烂,因为在互联网的世界里,你有 80 分的水平就可以帮助 70 分水平的人群,有 70 分的水平就可以帮助

50分水平的人群，即使你只有5分的水平，那么也可以帮助到那些只有1分水平的人。只要你敢写，就会有人敢看。

当然，如果你想达到出书的标准，还是需要付出努力的。

误区三　不知道写什么

如果想写点东西，但又不知道写什么，该怎么办呢？下面有三个方法可以帮助你破局。

1．写作思路来自身边

在生活中，每天都会有各种各样的事情发生，而这些事情都可以成为写作素材。比如，自身的经历、身边的朋友、最新的舆论话题，等等。我们所看到的、所听到的、所想到的，都可以转化成文字写下来，而且这类素材取之不尽、用之不竭。

2．网上搜集素材

在互联网时代，足不出户就可知天下事，所以，互联网时代的信息量也是非常巨大的，每天网上都会有非常多的新话题，即便不是新的话题，以前的话题同样也可以拿来再用。对于网上的话题或者其他故事，我们都可以对其进行再加工，转化成自己的思想。通过网络这个素材库，人人可以找到自己喜欢的话题进行再加工，然后再进行输出，其实也是写作的一种途径。

3．为作品写评论

在成长的过程中，人要不断地学习，而学习的方式可能是通过接受教育，也可能是模仿他人，也可能是耳濡目染，受环境的熏陶。书籍和电影也是学习的途径，通过书籍我们可以了解外面的世界、别人总结好的技能、作者的思想和观点；通过电影，我们可以有更直观的视觉效果，拥有更强烈的情景感受，这也是一种学习方式。那么，无论是阅读还是观影，看完之后，我们也都会有自己的感受，自己的感受也是自己的一种观点，这个时候我们可以将自己内心的想法用文字记录下来，如写书评、影评等，这也是一种很不错的写作方式。

如何写出一篇好文章

我把个人的写作经验提炼成了一个通用的模型——画画模型，即完成一幅画的流程。我们可以想象一下一幅画是怎么画出来的，大概流程如图 9-1 所示。

图 9-1　画画模型

第一步肯定是确定我们想要画什么，是画人物、动物，还是画风景？换成写作，就是定主题，也就是明确我们要写什么。

知道画什么了以后，第二步是明确怎么画。例如，你要画人像，那么就要知道眼睛、鼻子、耳朵的位置，以及五官的比例等。只有确定了轮廓，才能确保我们画的内容不会跑偏，这一步在写作中就叫搭骨架。

接下来，我们就可以对轮廓的每一个部位进行填充和上色，让骨架变得有血有肉，这在写作中就叫填内容。

通过前面几步，我们把人像画出来了，然后还需要看看有哪些地方需要修饰，通过反复的打磨，把它变成一幅佳作。这就是写作中的最后一步：修细节。

你看，当把抽象的写作变成具象的画画，以画家的思维去看待写作之后，一切就会变得十分清晰。

那么，这套写作模型如何操作呢？下面我们具体讲一下主要的四个步骤。

第一步 如何给文章定主题

定主题可以让我们清晰地知道自己要写什么、怎么写，从而更有针对性地下手。

那么，主题应该怎么定呢？其实你只需要考虑一点就行了，就是问问自己，你期待受众看了文章后有什么反应。当你明确了这一点，就知道文章的主调及侧重点在哪了，如图9-2所示。

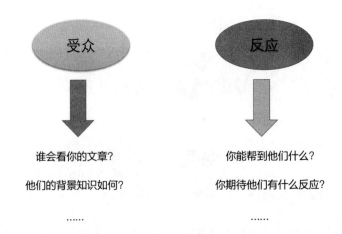

图9-2 示意图

例如，你想写一篇向老板申请加薪的文章，受众很明确是老板，希望对方的反应则是：同意加薪。通过这样思考，你就知道这篇文章应该围绕哪些侧重点来写了。

再如，你是一位写作老师，你希望受众看了你的文章后能够购买你的课程，那么你就需要分析受众的学识、背景、痛点……然后用符合他们阅读水平和习惯的方式把内容表达出来，从而达到让他们付费的目的。

当你的主题定位清晰了，该怎么写也就一清二楚了。

第二步 如何给文章搭骨架

搭骨架指的就是构思好文章的大纲。如果不进行这一步就直接凭感觉动笔,你就会发现往后的每一步都不简单,很容易就偏离主题了。

这就好比盖房子,如果你不提前设计好房子的结构、框架,拿起砖头就开始堆砌,结果出来的房子很可能差强人意。

写文章也一样,要先有总的框架,然后再根据框架大纲进行细化。框架大纲就好比我们的行军地图,写文章的时候,有了地图你才不会迷路,即使中途有事离开,只要地图还在,你就可以继续顺着地图的思路继续往前走,如图9-3所示。

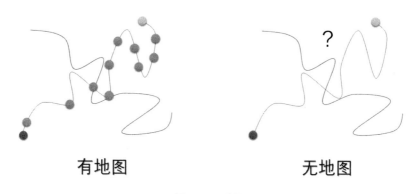

图9-3 示意图

那么,如何列出大纲呢?

最简单的方法就是套用模板,很多写作模板可以供我们调用,我们只需要找到适合这个主题的模板,就可以开写了。例如,通用类的模型有SCQA模型、金字塔模型、黄金圈思维模型、ORID模型,以及我们从小学到大的总分总模型等,如图9-4所示。

例如,我曾经写的一篇获得几千万级阅读量的《如何透过现象看本质》的文章,就是用了黄金圈思维模型。

- ◆ 主题——大家的痛点:遇到问题只能看到表面现象,看不到问题的本质。
- ◆ 是什么——解释:什么是现象,什么是本质。
- ◆ 为什么——因为大脑偷懒,直接调用经验走捷径。

- 关联——哪些概念可以解释这件事？如思维模型、视角转换、倒推因果链、打破惯性……
- 怎么做——给大家提出如何透过现象看本质的具体建议。

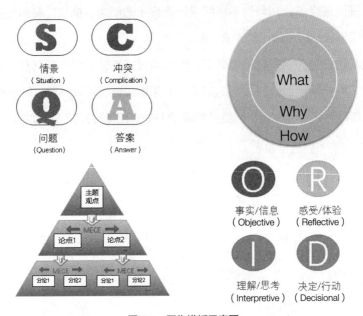

图 9-4　写作模板示意图

根据这些现成的思考模型，你可以列出很多值得写的主题和论点，再梳理一下，一个提纲就出来了。

再比如我们熟知的"总分总"结构，还可以再加细分一下：主论点—分论点—正例—反例—总结：

- 场景引入：引出一个痛点话题。
- 提出观点：针对痛点话题，提出一个新鲜观点。
- 正论：小标题+案例，从正面论证观点。
- 反论：小标题+案例，从反面论证观点。
- 总结：总结这个观点的价值和意义是什么。
- 升华：给出具体的执行建议，呼吁大家去做。

这类写作模板非常多，根据这些模板添加自己的观点和内容，很快就能写出一篇逻辑清晰、观点明确的高质量文章。也许你可能会说:"按照套路去写作,会不会限制我的思维?"其实这个担心纯属多余,对于写作小白来说,有章法的写作一定比毫无章法的写作更容易掌握。

当你练习到一定程度时,就会对文字形成一种感觉,俗称"笔感",这个时候就会形成自己的写作风格了。

第三步 如何给文章填内容

好比做饭一样,巧妇难为无米之炊,如果没有积累足够的写作素材,也就无法写出好文章,所以想要让文章内容丰满、有较强的可读性,就需要储备足够多的内容素材。

我根据自己的写作经验,把写作素材分为了五类,如图9-5所示。

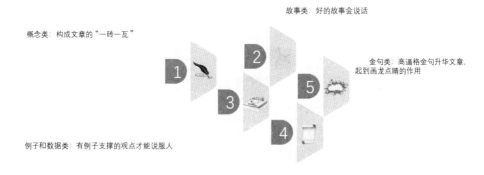

图9-5 示意图

1. 概念类

概念类的内容是构成文章的"一砖一瓦"。例如,机会成本、沉没成本、认知失调等,这些概念和知识点通常是构成一篇文章的基本要素。

2. 故事类

俗话说,好的故事会说话。假如我们想要表达的观点是:贫穷可以轻松地剥夺一个人正常生活的权利。如果让你诠释这句话，你会怎么表达呢？

我们先来看下面这样一个故事。

某天夜里，急诊室里冲进来两个人，其中一位紧紧握住一只手的指头，手指上鲜血直流；另一位的手里则拎着一个酒瓶子，酒瓶子里泡着半截手指。不用说，是手指断了。

医生说："现在接上还来得及，以后手指功能基本不会受影响。"

伤者问："要多少钱？"

医生说："三千左右吧。"

伤者愣了一下，说："那如果截掉呢？"

医生说："三百。"

伤者果断地说："截吧，不要了。"

读完这个故事，是不是对上文表达的内容有了更深刻的认识？这就是用故事在说话，通过故事更容易让人理解作者表达的观点和想法。

3．例子和数据类

有例子支撑的观点才能说服人。例如我们想要表达一个观点：社会变化快，技能会过期。仅仅几个字是没什么说服力的。这个时候，如果加入一个例子："十几年前，很多公司都会招打字员，但今天，仅仅会打字是很难找到工作的。"这样一来，观点是不是变得清晰且有说服力了？

4．类比类

好的类比可以让一个抽象复杂的概念瞬间降维，让人更容易理解。

例如，你对经济学边际效应递减的概念一直是一知半解，但是如果你看到下面这样一个解释，或许很快就能够理解了。

假设我们在饿的时候吃包子，吃第一个的时候，会有满满的幸福感，吃第二个的时候依旧是幸福感满满，但是吃到第三个你就感觉饱了，再吃就觉得没胃口了……等你吃到第十个的时候，你感觉就是在受折磨。

通过上面这种假设的解释，你是不是很容易理解什么是边际效应递减了？其实，这就是一个类比。通过类比可以将一个抽象的概念变得清晰可感知了，这就是类比的妙用。

5．金句类

金句能够起到升华主题、画龙点睛的作用。

例如："站在风口上，猪都能飞起来。""万物皆有裂痕，那是光照进来的地方。""人生就像一列火车，有人上车，有人下车，没有人会陪你走到最后，碰到了便是有缘，即使到了要下车的时候，也要心存感激地告别。"

如果将以上素材填充到文章里，整篇文章都会变得丰满且有张力。那么，以上这些素材从哪里来呢？

其实很简单，它们来自生活、工作、学习中的任何场景，如书中、影视剧中、名人名言、故事、段子……任何能够启发我们的点，我们都可以随手记录，把它们收集起来。

我们可以专门建立一个素材收集库，把它们按照作用和类别归类，这样就可以做到随用随取，如图9-6所示。

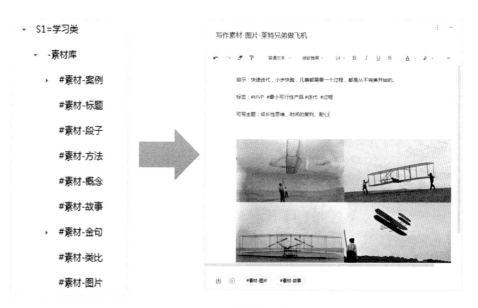

图9-6　云笔记示意图

第四步 好作品都是改出来的

著名作家海明威曾说过，一切文章的初稿都是臭狗屎。很多人写作的时候都有一种妄想，就是希望能一遍成稿，这种想法太过片面，没有什么事情是一蹴而就的，即便写文章不能一气呵成也没有关系，我们可以顺着思路一点点去丰富内容。哪怕写着写着，路线跑偏了也没有关系，还可以返过来重写。因此当我们写作的时候，切忌抱有完美主义的心态，也不必抱怨自己写的不好。要记住：好的稿子一定是修改出来的。

第五步 对外释放影响力，获得正向反馈

当我们完成了以上四步后，基本上就能写出一篇不错的作品了。这个时候，我们可以将文章通过一些平台对外发布。对于新手来说，建议将文章发布在下面这些平台：知乎、头条号、简书。对于公众号和一些其他平台不太推荐，因为如果没有粉丝基础，你是很难收到反馈的。

对外发布作品不仅仅可以收获读者的反馈，帮助你精进写作技能，还能帮助你打造个人品牌。有了良性的粉丝互动后，会激励你继续写作，保证持续产生作品。

有人问欧阳修怎么写文章，他说："无他术，唯勤读书而多为之，自工；世人患作文字少，又懒读书，每一篇出，即求过人，如此少有至者。疵病不必待人指摘，多作自能见之。"

上面这段话的意思是：想要拥有好的写作能力没有其他办法，多读多写就可以了，我们最大的毛病就是写得少，又懒得读书，每写一篇就想超过别人，像这样很少有达到目的的人。文章的缺点不需要别人指出，写得多了，自己就能发现。

从今天开始，从一个消费内容的人变成一个生产内容的人，相信你的生活和人生也会因此改变。

如果你有写作意向却迟迟没有动笔，不妨制订一个写作计划，从而让写作这件事能够高质量地坚持下去。

写作目标

终极目标	
阶段目标1	
阶段目标2	
阶段目标3	
写作计划	
写作主题1	
完成时间	
发布平台	
读者反馈	
写作主题2	
完成时间	
发布平台	
读者反馈	
写作主题3	
完成时间	
发布平台	
读者反馈	

【本章总结】

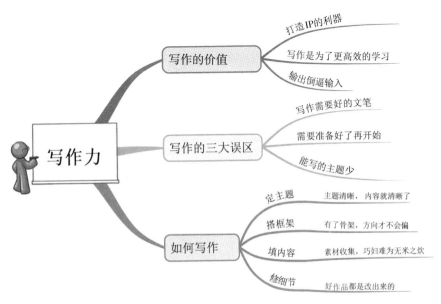

第三篇

高效做事——超级学习者的标配能力

时间管理

如何让每天多出几小时

> 一天24个小时，每个人的时间都是一样的。为什么有些人收获很多，而有些人感觉什么收获也没有？大家对时间管理不一样，因此，收获的效果也不一样，那么通过时间管理训练，你将能解决以下几个问题：了解时间管理的本质；提升对时间的敏感度；使自己的效率更高；解决时间不够用的问题；忙碌者也能有效地解放自己的时间。

时间管理的本质

在我们成长的路上，一定会遇到一个令我们焦虑的问题：时间不够用，做事效率低。而遇到这类问题，很多人第一个想到的解决方案就是时间管理，然后去参加相关的课程、网上搜索各种各样的时间管理方法，结果尝试了一堆方法以后，发现这种时间管理的方式不仅没提高做事效率，反而还把自己搞得更焦虑了。

其实很多人做时间管理，之所以无效就是因为没有弄清楚一个最根本问题：时间管理，管的究竟是什么。

时间不是以我们的意志为转移的，我们无法控制时间的流逝，无论我们是用它还是不用它，又或者是怎么用，用在哪儿，它都在一直在流逝。所以，时间管理管的不是时间,而是我们使用时间的方式,用得好就是有效率的,用得不好就是没效率的。

所以,时间管理的本质是:在有限的时间里,通过合理的安排从而实现工作、学习、生活效率的最大攀登。

如果不具备时间管理意识,几十年也不过是眨眼之间,日子过得浑浑噩噩。然而懂得时间管理,就可以帮助我们更好地生活。有些人总觉得很忙碌,甚至焦虑,工作忙得晕头转向,回到家依然像个陀螺一样不停地旋转,而有些人做着同样的工作,却能按时下班,回到家之后还能捡起自己的小爱好。

只有我们具备了时间管理的能力,才会让我们的时间更有价值。

时间管理心法

时间管理可以这么高效,那么如何进行时间管理呢?

第一个心法 建立时间感知

朱自清在散文《匆匆》里有这样的描述:"洗手的时候,日子从水盆里过去;吃饭的时候,日子从饭碗里过去;默默时,便从凝然的双眼前过去。我觉察他去的匆匆了,伸出手遮挽时,他又从遮挽着的手边过去,天黑时,我躺在床上,他便伶伶俐俐地从我身上跨过,从我脚边飞去了。等我睁开眼和太阳再见,这算又溜走了一日。我掩着面叹息,但是新来的日子的影儿又开始在叹息里闪过了。"我们都知道时间不等人,即便我们一天什么都不干,时间依然不会停下脚步。尽管我们知道时间在不停地流逝,可是我们却意识不到很多时候我们都是在浪费时间。很多人的时间观念和意识是非常弱的,弱到什么程度呢?

我们不妨做一个小测试,回想一下,你有没有过这种经历:经常想不起来今天是周几,或者今天是什么日期。

这是一种很普遍的现状,原因就是我们对时间的感知脆弱,容易让我们陷在当下的环境中。也正是因为这种时间观,才会经常让我们有一种一眨眼一天没了、再眨眼一年没了的错愕感。

正是因为感知不到时间,我们就养成了做事随性而为、能拖就拖的习惯。在这种情况下,即使列出了计划,也没有动力执行,因为潜意识会告诉你"不用着急,先享受当下再说",如图 10-1 所示。

图 10-1　示意图

所以,提高对时间流逝的敏感度,是时间管理的前提。那么,如何建立对时间的感知度呢?

《奇特的一生》这本书讲述的是一个将自己的一生用时间计划的人,主人公是柳比歇夫,他是苏联著名的昆虫学家、哲学家、数学家。这是一位传奇的人物,他把时间管理做到了令人惊叹的地步。他是怎么做的呢?

柳比歇夫从 26 岁到 82 岁去世,这期间 56 年如一日,记录自己的时间支出,据说他可以不看钟表就能精准地知道现在是什么时间。正是因为这种对时间的敏感度,对时间近乎苛刻的把握程度,让他一生做出了很多成绩,研究横跨了多个领域。

如果你了解柳比歇夫,就会发现只要把时间用好、用对地方,那么我们的一生可以达成的成就远比想象中要多得多。

其实柳比歇夫的时间管理方法很简单,就是统计、记录、分析和反馈,如图 10-2 所示。

柳比歇夫时间记录法	
记录、统计	做了那些事情，各占用了多少时间？
分析	做了那些该做的、哪些不该做的？占比各是多少？
反馈	根据今天的教训，如何调整时间的使用？

图 10-2　柳比歇夫的时间管理

所以，如果我们发现自己对时间不够敏感，就可以采用类似于柳比歇夫的方法来记录时间的支出，从而感受到时间的流逝，对时间有更强的掌控感。

第二个心法　意识到时间的价值

网络上曾流传着一张王健林的行程表。当年，这位 62 岁的中国首富，早上 4 点起床健身，然后飞行 6000 公里，出现在两个国家、三个城市。最终，晚上 7 点赶回办公室，继续加班。

为什么那些有钱的人明明有资本去享乐，却还要忙于工作，难道他们不想休息吗？

其实答案很简单：因为他们认为时间太值钱了，他们对时间不敏感的代价太大，如图 10-3 所示。

图 10-3　时间的价值

这一点不难理解，如果和王健林相比，对很多人来说，休息一天的损失是几百块钱的工资，但是对于王健林来讲，他休息一天损失的价值要大得多。

所以，意识到自己的时间价值，也是管理时间的底层逻辑之一，如果我们自己都认为时间很廉价，那么在消费时间的时候也就会一点儿感觉都没有，这样会导致我们的时间变得更廉价，由此形成恶性循环。

那么，问题来了，如何才能意识到自己的时间价值呢？下面分享两个提振时间价值的方法。

1. 给时间定价，让时间变得可衡量

时间是看不见摸不着的，它在我们脑中是一个非常模糊的概念。脑神经科学早就证明，我们的大脑天生就不擅长处理抽象的东西，所以只有把时间具体化，大脑才能感知到它的存在。

那么怎么让时间变得具体呢？最简单有效的方式就是给时间定价。很多行业的"大咖"都表示，他们的时间都是按分钟算的，如果你接触过这些人，就会知道他们所言不虚。

通过给时间定价，可以让我们成为时间商人，把自己的时间放到最有价值、投资回报率最高的事情上。

当然给时间定价也是有讲究的，最重要的就是让我们的意识彻底认同它。主要有两种定价策略，即如果现在有参考系的就拿现在的参考系衡量，如果现在参考系价值不足的就拿未来的参考系定价。

举例来讲，我给某知名商学院讲课，一小时内训的费用是4000多元，那么我就可以根据这个项目算出我一分钟的时间单价。这就是拿现在的参考系去给自己的时间估值的方式。

或许现阶段你觉得自己的时间还不太值钱，但可以用未来价值给自己定价。

例如，我曾经给自己的时间定价为1分钟100元，假如没时间成本概念，我这一天也就在不知不觉中浪费掉了，而在有时间成本的概念下，结果就是事情的安排既清晰又具体。给自己灌输这种高价值的时间意识，这样我在消费时间的时候，就会有很清晰的时间概念。

2. 通过机会成本的思维树立时间价值意识

当我们面临和时间相关的决策的时候，可以通过机会成本的思维去比较两件事，迫使自己理性对比两件事的收益，以确保自己的时间用在投资回报率最高的事情上。

什么是机会成本呢？这个概念来自经济学，用通俗的话解释就是：因为我们

是一个人，不能分身，我们做了事情 A，就不能做事情 B，那么我们做 A 事的成本就是我们放弃做 B 事的成本。

例如，你选择了玩《王者荣耀》游戏，就不能去学习了，所以你玩游戏的代价就是无法看书学习，从而降低提升考试成绩的概率。反之相同，这就是机会成本的思维，如图 10-4 所示。

图 10-4　机会成本示意图

当你面临是该做 A 事还是该做 B 事的选择时，通过评估它们的回报率、收益比，就会知道应该选择做哪件事了，也就可以做到心中有数了。

有了时间价值的意识后，只要我们有意地运用它，那么控制力阈值就会一点点拔高，逐渐就能控制它了。通过反复训练，时间价值意识逐渐强大，至少能拯救我们 80% 的时间，从而把大部分原本可能浪费的时间用在高价值的事情上，如图 10-5 所示。

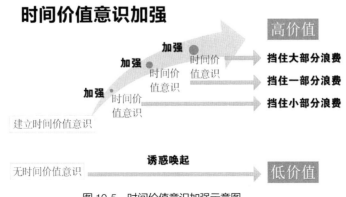

图 10-5　时间价值意识加强示意图

通过建立时间感知和时间价值的思维意识，可以让我们从一个只会消费时间的人，变成一个时间的投资者，享受时间复利的效应，让我们的时间价值越来越高。

一天中的三种时间

我们一天的时间可以分成三种：整块时间、碎片化时间及暗时间，如图10-6所示。

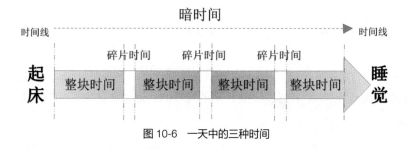

图10-6　一天中的三种时间

整块时间指的是那些不被外界打扰，可以专注做一件事的时间。例如，工作时间，我们可以集中精力处理手头上的工作；节假日，我们可以放松地娱乐，而不用担心被工作打扰。因为整块时间可以让我们在做某事的时候保持专注，所以在这个时间段做事效率是最高的。

碎片化时间，指的是一小块相对较短的时间，随时可能被外界的人或事打扰。例如，你是餐厅的服务员，你也不知道顾客什么时候会来，但来了顾客你就得提供服务，这就是碎片化的时间状态，如图10-7所示。

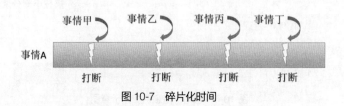

图10-7　碎片化时间

其实在生活中，我们拥有很多碎片化的时间，如等公交、等人、排队、走路的时候，等等。这些事情都有一个共同的特点，那就是让你无法长久地集中注意力，你的注意力可能会随时会被外界的人或事情打断。

然而人的大脑毕竟不是电脑，大脑做某件事情的时候是有切换和启动成本的，因此碎片化时间的做事效率比较低。

暗时间也是碎片化时间的一种，只不过它比较特殊，所以就把它单独拿出来讲了。暗时间的概念是《暗时间》的作者提出的，但是这个概念的具体定义则众说纷纭。在我看来，暗时间指的就是，把注意力从当前不需要关注的事情中抽离，然后投注在别的事情上的时间。

举个例子：走路的时候，不需要把注意力放到控制双脚上，可以选择听听书或者思考一些别的事情……这种在做一件事时也不会影响其他事的时间都是暗时间，它可能出现在一天中的任何时刻。

认识了这三种时间后，我们的时间管理就有了落脚点了。接下来，具体讲一下各自的用法。

整块时间 专注主要的项目

整块时间的运用方法其实很简单，概括来说就是：挑出我们一天中的整块时间，用来安排那些需要专注的重要项目。

当然这种情况因人而异，假如你是自由职业者，那么全天的时间你都可以自由支配，但是对于上班族来说，可能要处理的琐碎事情比较多，所以整块时间也比较少。

由于用整块时间做事的效率最高，你要做的就是把它从你的时间线上分出来，然后把最重要的事安排在这段时间，如学习、看书、思考、复盘或是其他重要事项等。假如看一本技能性图书，如果你看一会玩一会，或者只是利用空闲时间来学习，则很难将知识系统地组织起来，因为技术性知识逻辑性很强，最好还是利用整块时间去学习。

碎片化时间 提高做事效率

对于碎片化时间的用法，我总结了两条处理心得。

1．尽可能避免时间被碎片化

其实，我们的时间被碎片化的很大一部分原因是任务安排不合理。例如，你原本计划晚上学习，可是在学习的过程中，突然看到手机上有一条提醒消息……因为这一突发事件的插入，你的注意力就被分散了。

在你专注做某件事的过程中，一旦出现干扰，你的思路就会被打断。哪怕只是接一个电话，你的效率也会受到巨大影响，因为大脑切换任务需要启动时间。这种被干扰的感觉在看电视剧时感觉不出来，但在学习或思考的状态下，却很明显。

如果你还不是时间管理高手，一定会经常遇到类似的情况。而我是怎么解决这个问题的呢？我往往会在计划安排上做好规划，例如，假如这一天有一大堆细碎的工作要处理，我就会把它们集中到某一个时间段统一处理，刻意地创造整块时间。

2．利用碎片化时间特点做细碎的事情

生活中有很多的琐事，而这些琐事其实在碎片化的时间进行处理就可以了。例如，我在学习英语的时候，会把这一段时间拆分成如下几个板块，如图 10-8 所示。

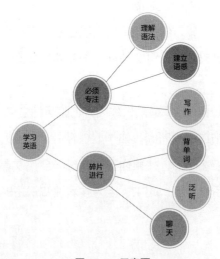

图 10-8　示意图

在学习英语的过程中，想要保证学习效率，我们必须把一些需要专注的事集中时间处理。例如，将英文写作、钻研英文基础知识等放在整块时间里，如果利用碎片化时间去做这些事，可能效率会很低。但是对于一些诸如英语的泛听、背单词就很适合放在碎片化时间去学习。

除了上面的例子外，我还会利用碎片化时间听书、听课……那些听书听课平台就是为碎片化时间提供的知识解决方案，如图10-9所示。

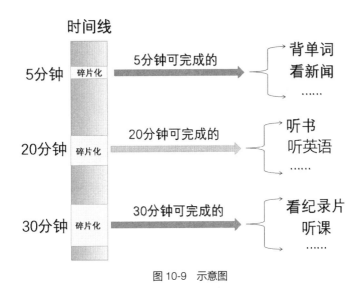

图10-9　示意图

只要善于利用碎片化时间，也是能产生巨大的时间价值的，所以我们可以将合适的任务放在碎片化时间处理，以此提升效率。

暗时间　将无效转化为有效

每个人都用到过暗时间，只不过大部分人把这部分时间浪费在发呆和空想上了。这里讲的利用暗时间，指的就是把我们原本空想或发呆的时间用在思考有价值的事情上。

以我自己为例，我会把没有解决的疑问提前列出来，一旦有了暗时间，就开始在脑子里思考这些疑问。最典型的利用暗时间的事例就是写作，如果我想写某个话题，我会将这个话题存入脑中，当暗时间来了，我就会在脑中构思这篇文章的行文逻辑。所以，当我真正拿出整块时间去写的时候，其实根本就用不了多长时间。

这也是为什么我可以在本职工作十分繁忙的情况下，还有时间去学习、写文章、做课程，这都是暗时间的作用。

所以，对于那些想要提升效率的读者，一定要将暗时间利用起来。你可以提前准备几个非常重要或感兴趣的问题，像一颗种子一样种在脑中，然后在暗时间思考它们，如图 10-10 所示。

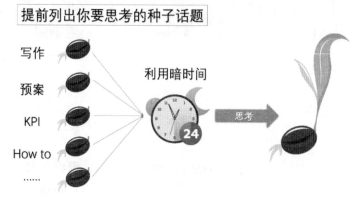

图 10-10　示意图

一旦集中的注意力被释放就会产生暗时间，那么就可利用构思随时记录下灵感，然后再利用整块的时间去单独完成它，而且因为暗时间没有条条框框的限制，所以在这个时间块特别容易产生灵感，获得意想不到的创意，坚持下来，将会有很大收获。

可以回想一下，日常生活中有多少这样的时间被你用来发呆、空想了？在发呆时，时间都白白浪费了，没有什么收获。所以，要把这段时间充分安排运用起来。在生活中，要仔细地挑出来暗时间，然后安排一些自己感兴趣或需要思考的任务，感受下它发挥的作用。

通过下表，整理出自己一天的暗时间，并安排相应的问题。通过这样的思考方式，逐步养成习惯，从而最大化提升自己的效率。

暗时间自我训练表

暗时间	准备投入暗时间的问题

警惕"时间杀手"

在互联网时代,无论是办公还是沟通,都离不开电子设备。在很大一部分时间里,手机发挥着极大作用,它是联系人与人之间的纽带,但若聊到"时间杀手",也非手机莫属了。正确使用手机也是合理管理时间中很重要的一环。

请你反思下自己有没有以下这种情况:经常莫名其妙地点开手机,可又不知道要干什么,不自觉地就开始浏览朋友圈、抖音或是看电视剧……这个过程就仿佛是自动化一样,如图10-11所示。

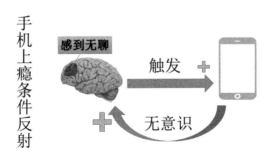

图 10-11　示意图

其实这就是对手机的上瘾行为,我们的头脑中已经形成了一个很糟糕的条件反射回路了,这种情况下,只要大脑无事可做了,我们就会下意识地打开手机来消磨时间。我之前也是如此,一天能打开手机上百次,这里点一点那里看一看,几个小时就过去了。后来有一天,我意识到这样玩手机纯属在浪费时间,突然感觉一阵后怕,于是开始反思自己,限制使用手机的时间。

1. 没有目的坚决不碰

意识到玩手机浪费时间这个问题之后,我每次打开手机前都要明确目的。也就是说,如果我不知道拿起手机要做什么,那么就坚决不碰。

基于这条原则,我把个人使用手机的行为概括为三种:为了学习,为了工作,为了娱乐放松。

也就是说,我把手机的用途当作"学习机""功能机""娱乐机",如图10-12所示。

图 10-12　手机的三个用途

当我认定了使用手机的模式后,我每次打开手机都会有清晰的目的。例如,如果我需要打电话、查资料,我就把手机当成功能机来用,用完立刻息屏;如果我需要学习,那么我就把手机当成学习机来用,在手机亮屏阶段只做和学习有关的事情;如果我想放松一下,就把手机当成娱乐机来用,听听音乐、看看短视频等。

根据手机用途来使用手机这种方式和我们平常刷手机的区别在于:有意识和无意识,有控制的使用和无控制的使用。

通过这样的行为模式，我就可以清晰地调配手机的使用场景和时间。如此一来，手机就变成了一个完全为我所用的工具，而不是"时间杀手"工具了。所以如果你也有手机上瘾的行为，可以尝试制定一个手机使用规则，相信你的时间效率会提升一大截。

2. 设计积极启发，隐藏消极启发

我们都知道环境容易影响人，如果你要看书，是去图书馆呢？还是去电影院呢？这很明显，图书馆才有学习的氛围，而电影院只适合娱乐放松。对于图10-13中的两个手机页面，看到哪一个界面更容易去学习？看到哪一张更容易去娱乐休闲呢？

图 10-13　手机界面示意图

答案很明显，看到左图时更容易去学习，而看到右图时则很自然地想到娱乐休闲。为什么呢？因为人的大脑有一种被启发的效应。例如，把水杯放在眼前，就容易想起来喝水，否则常常会等到口渴的时候才会想到喝水。

使用手机也是同样的道理。很多人一打开手机，主页面就是各种游戏或者抖音、快手等视频APP，这种暗示就会让我们不自觉地想去娱乐。

既然大脑天然有被启发的特性，那么我们就可以利用这个特性，通过主动设计去引导我们接触更有价值的事情。

通常，我会把重要的APP挪到主页上，如学习类APP，确保手机亮屏的第一

眼就能看到它们，而把那些消磨时间的 APP 收纳到文件夹里面，眼睛看不到，大脑就会忽略它的存在。

3. 调教 AI 算法，把它们打造成工具箱

如今的互联网公司都在拼了命地争夺客户的使用时间，因为你在他们 APP 上停留的时间越长，他们 APP 的商业价值也就会越高。于是，在利益的驱使下，他们会想尽办法"收割"你的时间。

这些公司都有专业团队来研究应该给用户推送什么样的内容，才能让用户不停地浏览他们的软件，舍不得关掉软件的界面。我们大部分的时间和注意力，就这样被"收割"了。

对于这些推送类 APP，我们要让它们成为有益于自己的工具，而不是奴役大脑的算法，如图 10-14 所示。

图 10-14　示意图

如果 APP 给我推送一些博人眼球的垃圾文章，我会把这类内容标记为不喜欢，这样 AI 算法就会推断出我不喜欢此类文章，从而减少推送。而对于一些有深度的文章，我则会在它的页面多停留一会。反复几次之后，推送页面就没有那些垃圾内容了，而是相对有点价值的东西。相反，如果遇到那种无聊的垃圾内容，你只要点几次，你的首页就会经常被推送这种内容。

通过这种调教策略，我们可以把知乎、抖音、B 站等平台都调教成为自己所用的学习工具。

4. 屏蔽通知，统一管理消息

展开你的手机通知栏，看看有多少个APP在不停地给你推荐耸人听闻的标题，看看有多少个小红点在引诱你去点击……这些都是时间杀手，它会粉碎我们的注意力和时间。

时间管理的本质也是注意力的管理，如果没有管控好注意力，就意味着被收割。所以，我管理APP推送的原则只有一条：只留极少数重要的APP，其他的APP推送一律屏蔽，真正做到"我不主动去翻它，它就永远不会出现在我的世界里"。只有在需要的时候，我才会打开这些被屏蔽的APP。

除了屏蔽通知外，还建议大家在固定时间处理信息，这样就可以创造出大量的整块时间。

如何获取更多的时间

对于极其忙碌的职场人，应该如何去管理时间呢？掌握以下三种策略，可以帮你收获更多的时间，如图10-15所示。

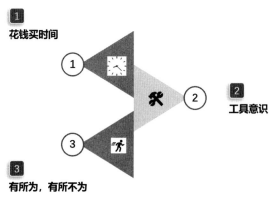

图10-15 获取更多时间的三种策略

1. 学会花钱买时间

很多人觉得大家的时间都是一样的，怎么能买呢？其实，花钱买时间和花钱投资是一样的道理。就是有些事的处理过程可能会占用自己很多时间，而这些事完全可以花钱找人去做，那么如果付钱给别人去做，是不是节省了我们很多时间？虽然投资的是钱，却给我们节省了很多时间去做别的更有意义的事情，而更有意义的事情能给我们带来极大的回报，这就是拿钱投资我们自己的时间。

关于这一点，举一个常见的例子：我最初在某公司打工的时候，身边有很多同事，为了省一些房租住在很远的郊区，因为那边房租很低，但是由于离公司太远，他们每天上下班通勤的时间加起来会超过四个小时，遇到加班的时候更是叫苦不迭，而我住的地方房租比他们的高一点，但是离公司只有五分钟的路程，并且周围是繁华的商业圈，衣食住行都非常方便。

所以在同样的工作时间外，我比他们每天至少多四个小时的时间，这让我可以把这些时间安排在学习成长上，比他们也有更多的闲暇去拓展资源。随着能力的不断拔高也让我在职场上拥有越来越多的机会，让我的时间价值像滚雪球一样越来越大，越滚越值钱。

也是因为尝过花钱买时间的甜头，所以在之后的生活工作中，只要是能花小钱解决的问题，我都是一律花钱去解决。比如，在工作上，如果我遇到一些特别占用我工作时间的事情，我一般都是找外包去解决，然后把这个时间节省出来，去做对我来说更有价值的事情。也正是这种投资时间的思维，让我的速度越走越快。

所以，从时间管理的角度出发，如果遇到一些很琐碎的事情，或者太过于消耗自己的事情，一定要养成花钱买时间的思维，能花小钱解决的就去花钱解决，把省出来的时间用在更有意义和投资回报率更高的事情上去。

此外，在学习成长方面也可以花钱买别人的时间，如报课程、买书学习等，因为有些东西，如果我们不站在巨人的肩膀上，不去买他们的时间，而让我们自己去顿去悟，我们可能会一直"踩坑"，一辈子也悟不出来。正应了那句话：也许我们的顿悟，只是别人的基本功。

花钱去换时间是时间管理的重要理念，它是一种很高级的智慧。我们应该意识到，时间才是我们的最大成本，我们的时间的价值，永远比钱的价值高很多，只有在时间上有足够的投入，我们的时间才会越来越值钱。越早明白这个道理，成长的速度就会越快。

2. 使用工具避免陷入重复性工作

之前，领导安排用 Excel 处理一批数据，一个同事用最原始的笨方法，一条一条地手工录入，花了半天时间才弄完；而另外一个同事用数据软件处理，几分钟就搞定了。这就是效率上的差距，所以，要善于使用工具。

我们遇到的很多问题，或许别人早就遇到并解决了。事实上很多机械性工作都可以利用工具解决。所以，你在做某项重复工作的时候，先思考有没有现成的工具可用，如果实在找不到工具，也可以通过外包解决。如果外包也不行，再考虑自己解决。形成善于利用工具的意识，将可以帮助我们节省大量时间。

3. 有所为，有所不为

那么，什么叫有所为和有所不为呢？关于这一点，网上有一个很经典的故事，被演绎为各种版本，以下是其中一个版本。

曾经有一位教授，带着一个玻璃罐走进教室，他在罐子里放了一堆高尔夫球，问学生："这个罐子满了吗？"学生答："满了。"

之后，教授又倒入了一些小石头，又问："满了吗？"学生又答："满了。"

然后，教授又倒入了一些沙子，把石头间的缝隙填满，并问道："满了吗？"

这个时候，班里少数几个刺头开始不耐烦了："这回肯定是满了，不然我就把这个罐子吃下去！"

教授强忍住笑容，摇摇头，又拿出了一杯啤酒，倒入罐子当中……那几个刺头学生见状，顿时哑言。

其实，这个案例揭示的就是经济学上大名鼎鼎的"稀缺"原理，如果把罐子比喻为时间，那么高尔夫球就代表重要的事情，小石头代表一般重要的事，沙子代表不起眼的小事，啤酒代表可自由安排的事情。

如果你先把沙子、啤酒放进去，就没有空间放高尔夫球和小石头了，当我们先放入高尔夫球（也就是重要的事情），再放入小石头、沙子就会容易得多。

所以，正是因为事情是无限的，而我们的时间是极其有限且稀缺的，所以我们就必须清楚什么事情重要，什么事情不重要。什么事情要先做，什么事情可以后做，哪些事情还可以不做。当我们能在心里有一个清晰的标准后，我们对时间的把控就会游刃有余。

这一点就像很多大佬所说：所谓时间管理，就是排序的艺术，是舍弃的艺术，是做减法的艺术。无论工作还是生活，只有会做减法，我们的人生才是高质量的。

那么，如何做到这一点呢？

关于怎么排序，我们后面会专门提到，我们这里着重强调一下怎么做减法。关于做减法，可以参考著名的二八定律。

当你了解二八定律以后，再去看手头上的那些事情，你的视角就会变成下面这样。

我们不需要维护全部的客户，只需要重点维护那些为企业创造80%价值的优质客户即可；

我们不需要维护全部的社交关系，只需要维护那些为我们人生助力的20%，却占据我们生命质量的80%的关系即可；

一本书的知识点很多，我们不需要全部掌握，只需要掌握那些20%，却能为我们带来全书主题80%收获的知识即可；

……

当你能养成二八定律这个思考习惯之后，你再带着这个视角去看世间的万事，你会发现，其实很多困扰我们的事情是冗余的。

【本章总结】

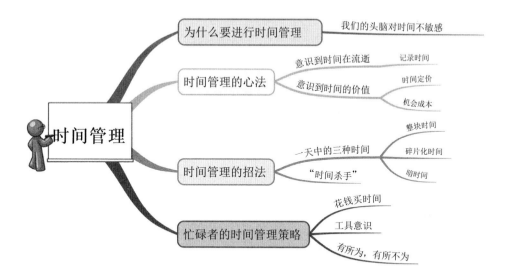

精力管理
如何拯救一个精神颓废的人

我们常常会用"废寝忘食"来形容一个人的勤奋和专心,但一个人的精力总是有限的,如果所有的时间都用在学习和工作上,身心将会产生疲惫感,效率也会降低。那么,如何在有限的时间里,让自己精力充沛地去学习或工作呢?前面我们讲到了时间管理,但时间管理只是合理利用时间分配合适的任务,但在这段时间里能否有效地完成,还要看我们的精力。那么,如何进行精力管理呢?

精力管理的本质

意识到时间的重要性之后,我每天都在巨大的紧迫感中度过。虽然我给自己设置的工作任务并不多,但却很少有顺利完成的时候。例如,看书,看不到一个小时,就感觉脑子完全接受不了任何东西了,只想休息,再也没有学习的欲望。

有时候靠意志力硬撑,不仅效率没有提高,而且人也越来越疲劳,最后处于一种焦虑阴郁的状态。做事的幸福感全无,甚至开始厌恶和逃避。

这一切的根本原因就在于精力管理出了问题,精力管理是做事的前提,如果这方面出了问题,其他都是空中楼阁。那么,什么是精力管理呢?

精力管理的本质就是通过合理的管理和调用身体的能量,让所做的事更持久,更有战斗力。也就是说,过去可能只做一件事,身体就会很疲惫,但是通过精力管理,哪怕做了三件、五件事后,依然精神抖擞、精力旺盛。

通过多年实践,我总结出精力管理的两个要素:用好精力存量和创造精力增量。

通过这两个要素,我们可以大幅度提振精神状态。下面分别介绍这两点。

什么叫作"用好精力存量"?说白了就是利用好你本来就有的能量,通过调整做事方法,让精力发挥出巨大的效果。例如,你的体力可供你匀速跑500米,但是如果你上来就冲刺,可能跑100米就精疲力尽了,这就是没有用好500米的体力存量。

我们完全可以调整体力使用的方式,快慢结合,利用好精力存量来顺利跑完500米,甚至是1000米,如图11-1所示。

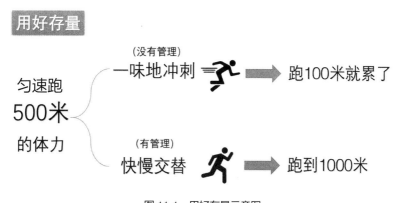

图 11-1　用好存量示意图

什么叫作"创造精力增量"?意思是通过调节生活习惯等方式,改造自己,让自己有更多的精力去奋斗。以跑步为例,我们可以更换更好的跑鞋和其他跑步设备,或通过日常训练让自己的体力更持久,就可以跑得更快、更远,即创造更多增量,如图11-2所示。

创造增量

图 11-2　创造增量示意图

如何用好精力存量

人的精力总是有限的，那么如何利用好精力呢？

1. 区别使用你的精力

为什么我们要区别使用精力呢？原因很简单，因为我们的精神状态并不是始终平稳的，而更像是坐过山车一样有高低起伏，如图 11-3 所示。

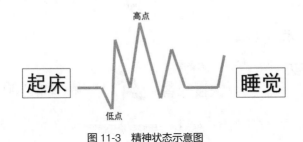

图 11-3　精神状态示意图

也就是说，无论你的精力如何，一天中一定会有精力最旺盛、思维最敏捷的时候，也会有最虚弱、最疲劳的时候。

因此，你要找到自己的精力周期，把注意力最旺盛、思维最敏捷的时间段用于做最需要动脑子的事情，而精力状态没那么好的时间段则用来做一些相对轻松点的事情。如此有张有弛的安排，让精力和计划高度匹配，从而实现效率最大化。

那么，具体该怎么操作呢？

以我自己为例，我的作息时间是早上 6 点起床，晚上 11 点睡觉，通过观察每个时间段的精神状态,我把自己的时间分为如下几块,如图 11-4 所示。

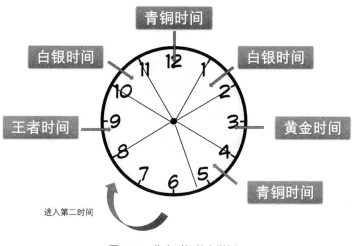

图 11-4 作息时间状态举例

从图中可以看出,我的王者时间是早上 8:00—10:00,也就是我思维最敏捷的时间段。而过了这个时间段,我的思维敏捷度就会开始下降,脑子和身体开始呈现疲态,但也不算太差,所以 10:00—11:00 的时间段被我称为白银时间。

11:00 后是吃午饭的时间,我整个人的状态会很糟糕,注意力难以集中,外加肚子饿,就只想吃饭、休息,所以 11:00—13:00 这段时间是青铜时间,即最差的状态期。而到了下午,通过午睡充能后,我的思维就会再度活跃起来,经过 13:00—14:00 的白银时间,我在 14:00—16:00 的时间段,整个人的精神状态会非常充沛,但是和王者时间不能比,所以我把这个时间段称为黄金时间。

周而复始,我对身体这种规律的掌控就会越来越强,精神状态也越来越好。

每个人的作息规律不同,但也可以参考这种方式来确定自己的作息,然后观察身体和头脑在不同时间段的状态,并把它们记录下来,找出规律。如果你的作息稳定,只需几天的时间就可以找到。

当你通过这种方式找到精力周期后,就可以根据任务的重要性、紧急程度,进行合理的安排。例如,我会在青铜时间做一些只动手不动脑的工作,如看新闻或与朋友沟通下感情等,而在白银时间则会做点稍微动脑的事情,至于黄金时间和王者时间，则用来做最需要专注的事情。大家在找到自己的规律之后，便可以合理安排自己的任务，如以下安排。

- 王者时间——用于处理最最精髓的事情，比如思考、做预案等。
- 黄金时间——用于处理专注用脑的事情，比如学习、阅读等。
- 白银时间——用于处理稍微用点脑的活，比如协调关系、沟通等。
- 青铜时间——用于处理只动手不动脑的活，比如看新闻、购物等。

通过上述方法，你对自己的精力状态就可以了如指掌，把最旺盛的精力用到最高产出的事情上，而把最弱的精力状态用在处理不太重要的事情上。当这种身体状态呈现出可掌控的规律性后，最后你的身体精力周期将会按照你所划定的运行。

接下来，请你根据自己的实际情况填写，如图 11-5 所示。

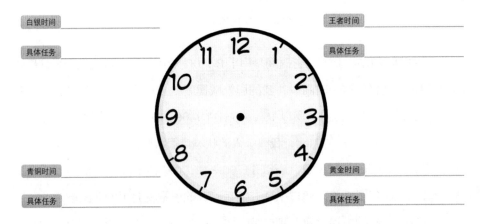

图 11-5　精力状态自测表

2．避免注意力的损耗

我们之所以会感觉到精力被掏空了，核心原因就是事情不断出现，你的大脑需要不断在不同的事情间切换，导致精力很快被耗尽了。所以，当你做事的时候，尽可能地让自己不要被打扰。

因为我们的大脑不是电脑，所以我们的大脑做事都是有启动成本的，在从 A 事切换到 B 事时，需要耗费大脑大量的能量，如果切换频次过高，精力很快就被消耗完了。就像是普通灯泡，如果你按下开关，让灯泡正常工作，灯泡的使用寿命会很长，但是如果你反复按开关，灯泡很快就被用坏了。

这就解释了为什么我们不能一心多用，而是应该专注做事，因为专注做一件事时，大脑的能量损耗是最小的。所以，在工作、生活中，要尽可能避免多个任务一起进行，以减小精力损耗。

如何创造更多增量

前面已经提到，创造精力增量就是通过调整自己的状态来拥有足够多的精力储备，以供在学习和工作时使用，如图 11-6 所示。

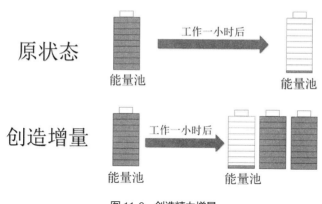

图 11-6 创造精力增量

那么问题来了，如何才能创造更多的精力增量呢？下面根据我的实践经验，挑出主要的五个点进行讲解，包括情绪管理、饮食管理、睡眠管理、小休管理和运动管理。

情绪管理 不要让坏心情影响精力水平

情绪对精力的影响很大，俗话说，人逢喜事精神爽，积极的情绪会让你超水平发挥，而消极的情绪则容易消耗你的精力。然而，人生不如意十之八九，谁能天天都开心呢?

虽然我们无法每时每刻都保持好心情,却可以通过一些心理调整的方法,让自己不至于困在糟糕的情绪中走不出来,尽量减少情绪对我们的影响。

关于情绪管理,我总结了一条很实用的原则——少进快出,意思是:尽可能减少负面情绪的产生;即使没控制住让负面情绪进来了,也要想办法尽快将负面情绪排出去。

那么,具体如何操作呢?

1. 通过情绪 ABC 模型调整我们解读外界的方式

什么是情绪 ABC 模型?首先分享一个案例:我之前在某个大厂工作的时候,有一次因为一个重点项目的工作进度慢了,我和另一位责任同事被领导当众臭骂了一顿,我俩当时都羞愤难当,甚至委屈得想甩手不干了。

但是等开完"批斗会"后,我很快就平复了心情,重新安排和调整工作方式,赶上了进度;而同事则把郁闷的情绪带入了工作中,结果又耽误了进度,又遭到了领导的责备。

为什么我们两个人面对同样一件事,却有完全不同的结果?原因很简单,就是我们对事情的解读方式不同。

可以想一下,除了正常的生理波动外,我们在什么情况下会出现糟糕的情绪?无一例外,一定是受到了外界因素的干扰,如上文案例中领导的一顿臭骂。

虽然我们没办法控制情绪的产生,但却可以正向解读它,如图 11-7 所示。

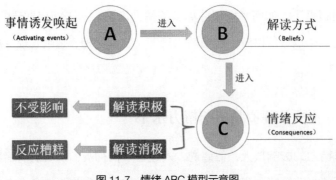

图 11-7 情绪 ABC 模型示意图

在上文的案例中，我从积极的角度解读了领导的责骂，领导之所以会骂我，说明很看重我，我还有解决问题的余地。如果领导对我彻底失望了，那么找我谈话的就是 HR 了。于是，我把领导的责骂解读成一种正向的激励和信任。

虽然面对一件很糟糕的事情，但我却没有让情绪进一步恶化，反而是反思自己，从而转化为做事动力。而同事则从比较消极的角度去解读领导的责骂，于是产生了负面情绪来对抗这件事，进而又影响了工作。

对于很多事情，其本身没有好坏，而认定的好坏都取决于自己的解读角度，如果你往积极的方向解读，它就是积极的，如果你往消极的方向解读，它就是消极的。

这就是情绪管理 ABC 模型，通过调节自己对事情的解读方式，也能让坏事变好事，如图 11-8 所示。

当你被某事影响情绪的时候，尝试从积极的角度解读，你会发现，其实大部分看起来糟糕的事情并没有那么糟糕，只不过是我们庸人自扰而已。

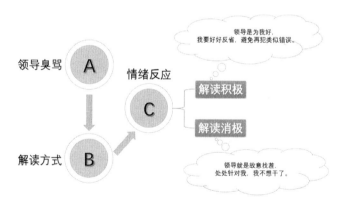

图 11-8　情绪解读示意图

利用情绪 ABC 模型和思维"防火墙"可以帮助我们拯救糟糕的情绪，做到"少进"，但人都是有情绪的，那么当极其糟糕的情绪进入我们体内时，应该怎么办呢？

这个时候我们就可以通过第二种方式，把糟糕的情绪及时排出去，从而减小对我们的影响。

2. 通过冥想方式排解情绪

我们都知道物理学上的能量守恒定律，有力必有反作用力，我们的身体能量也不例外。如果一些负面情绪长期积压在心中，尽管身体能自行调节消化一部分，但是随着时间的积累，依然会对我们的身体造成极大的伤害，例如，抑郁症或其他各种精神疾病等。

当下，很多人都处于一种亚健康的心理状态，多多少少存在抑郁、焦虑的情绪，这就是垃圾情绪长期在体内积累而导致的，对身心健康极为不利。其实把情绪排出去的方法有很多，其中冥想是一个成本比较低但是效果非常好的方法。

有非常严谨的科学研究表明：冥想对缓解焦虑情绪、提高睡眠质量、减轻压力、提升专注力、防止抑郁等，都有非常显著的效果，它正在被广泛应用到疾病康复、心理治疗、亲子教育、组织管理等诸多领域。

我曾经为了解决焦虑的问题，专门研究过这个主题，并且亲身践行三年有余，整个人的身心状态都得到了巨大的提升，心境非常平和。

虽然冥想非常强大，但是它烦琐的步骤，却劝退了很多人，其实冥想并没有那么复杂，它的原理很简单，只是一些利益机构把它们搞复杂了而已，下面介绍三步极简的方法，让你学会冥想。

方法一：在让自己感觉舒服的姿势下进行

我个人的习惯是：在午睡前躺着冥想；当工作疲劳时，我会静坐冥想；晚上睡觉时，我会平躺冥想。总之，冥想没有姿势限制，在自己感觉舒服的姿势下进行即可。当然，最好是在安静的环境下冥想。

方法二：利用白噪声更利于进入冥想状态

研究表明，人在极度安静的环境下会感觉不舒服，有一些微弱的小声反而有助于进入专注状态。所以，在冥想的时候可以放点白噪声进行辅助。如果工作的环境比较嘈杂，建议佩戴降噪耳机，让自己放松下来。

方法三：进入冥想状态

开始冥想的时候，先闭上眼睛，放松身体，然后慢慢集中注意力。我的两种冥想的模式如下：第一种就是把全部注意力集中在呼吸上，注意力跟随呼吸轨迹，从鼻子呼入，下沉至小腹，小腹自然撑开，然后缓缓呼出气体，不断重复这个过程；第二种则把注意力全部集中在大脑想象的一个点上，不理会任何身体动作。

每个人都有不同的习惯方式，你可以自行测试，找到最适合自己的方式。

在冥想的过程中还有如下一些注意事项。

刚开始进入冥想的时候，会出现很多杂念，这时候切记不要去思考这些念头，而是让它们自行消失。你的自我意识会逐渐模糊，身体会感觉轻盈了许多，这个时候大脑会处于最低功耗运行状态。

冥想没有时间标准，如果其间感觉到困乏，不必硬撑，只要你有条件睡觉，大胆放心地睡去即可。

当冥想结束后，你会感觉到神清气爽，精力充沛。

饮食管理　高精力水平的饮食设计

提起饮食管理，你可能马上会想到多吃蔬菜水果、饮食清淡、少食油腻、少吃辣、不吃垃圾食品，这些建议都有道理，但是如果每一个细节都做到位，你一天的时间也就都被占用了。对于我们普通人，有没有低成本、高效率、易实现的方法呢？

当然有，我这里只从精力的角度来谈三个饮食习惯，做到这三点，你将会身体健康、精力充沛。

1．掌握喝水的艺术

水是生命之源。日常状态下，你可能感受不到水对你的影响，但是当你口渴时，你的身体及精神状态就会变得很糟糕：无法集中注意力，莫名心慌、焦躁、口干舌燥，你能感受到自己的身体在做出强烈的对抗反应。

但是当身体里有充足的水分的时候，你的新陈代谢水平会达到一个非常高的水准，让你的身体充满活力，此时你会感觉能量充沛，神采奕奕。

很多人会说："我平时渴了就会喝水啊。"没错，喝水是我们的本能，这种本能可以保护我们获得基础的水分，不至于让身体出现大问题。但是，你想过吗？你平时喝水的量可能远远不足以支撑起你的精力储备。

想想你平时是怎么喝水的？是不是每次都是等到口渴了再喝水？这种喝水的方式是有问题的。科学早就证明，口渴是人体水分失去平衡、细胞脱水到一定程度时，中枢神经发出的要求补水的信号，等到这个时候再去喝水，就相当于泥土龟裂之后再去灌溉，对身体影响很大。也就是说，你日常的饮水量根本就没有达到你身体的需求。

那么问题来了，水要怎么喝？喝多少？工作忙碌时怎样才能想起喝水？《中国居民膳食指南（2016）》中给出的建议饮水量是：成人每天至少饮水1500毫升到1700毫升，大约是8杯水。

对于不容易做到的部分，即如何养成喝水的习惯，我介绍三种方法。

方法一：设计利于喝水的环境

想要让自己多喝水，就让水时刻出现在自己眼前，这就是环境助推。例如，我在工作的时候，就把杯子放在手边，顺手拿起来就喝一口。此外，要注意一点：杯子里的水喝完之后，要立刻续满，避免出现忙起来就拖延着不去接水的情况。

请你根据自己的实际情况，设计一个极利于喝水的环境。

在公司：_____

在家里：_____

外出时：_____

方法二：用电脑或手机设置提醒

对于一些较为特殊的工作场景，诸如服务业、非办公室场景等，这种情况下，提醒功能是不可或缺的。

对于伏案的工作人员，可以用【人生日历】这个软件进行设置，到点了它就会提醒你喝水。此外，手机的日历表也是不错的提醒工具。

还有一款名为【喝水时间】的APP，它会根据你的性别、体重、作息等数据，自动生成喝水时间表，按时提醒你喝水，此外，现在的智能手环和手表都支持喝水提醒的功能，效果也非常不错。

请你立刻行动，把喝水的小习惯坚持一段时间。

方法三：固化喝水这个动作，与每天必做的动作进行绑定

我会把喝水的动作和我每天必做的一件事情进行绑定，如吃早餐。我每次吃早餐前，都会喝水。通过不断重复这样的动作，形成条件反射，最后这两件事情就会彻底的密不可分。

2. 规律饮食保持精力

当你掌握了饮食规律，也就能掌握自己的精力状态。

为什么这么说？试想下，如果你昨天凌晨1点睡觉，今天晚上9点睡觉，明天晚上12点睡觉，后天凌晨4点睡觉，会有什么后果？

你的生物钟一定会混乱，导致你在该休息的时候有精神、在该精神的时候又没有精神，身体的掌控完全处于一种失序的状态。同理，睡眠不规律会破坏你的生物钟，饮食不规律则会破坏你的消化钟。

人吃过饭以后，胃部需要能量去消化食物，大脑的能量也会被抽走，这就解释了人为什么会在吃饱饭后犯困。对于日出而作、日落而息、一日三餐，这种身体的活动规律早就被自然选择确定为与环境最佳匹配的系统。

如果你的身体经常处于失序状态，调节系统就会彻底紊乱，它会变得不知道什么时候饿、什么时候消化。你也不知道什么时候会出现精力高峰，什么时候会萎靡不振，精神状态会被饮食不规律搞得一塌糊涂。

看到这里，很多人会说为了工作迫不得已。如果你也是其中一员，可以通过以下三个建议进行改善。

建议1：根据作息确定进食时间点

例如，可以将早餐定在6点，午餐定在12点，晚餐定在19点。或者也可以把早餐定在10点，午餐定在14点，晚餐定在19点，等等。总之，一定要有规律。当然，如果有条件，最好采用标准的一日三餐进食时间，因为这才是和我们身体最匹配的。具体时间点可以参考营养学家的建议。

建议2：刻意设计

我以前常常把早饭拖到很晚才吃，或者往往随便买点零食吃就行了，在发现问题之后，我做出了如下调整。

在头天晚上我会把食材准备好，利用电饭煲的预约功能，保证第二天早上能准时吃上早饭。

中午，准时去食堂吃饭，即便工作很忙也不会不吃。

到了晚上，由于我有健身任务，回到家里的第一件事就是做晚饭，吃完后再去健身（环境助推）。

如果你因为生活习惯不好而做不到规律饮食，那么可以主动借助外力，逼迫自己按时吃饭。例如，跟随家人用餐、不单独开灶，等等。很快你就会发现，自己的饮食习惯就可以调整过来了。

建议3：反复强化定下的时间点，调教自己的胃

这一点的意思是让自己的胃也养成生物钟的习惯，只在某个你设计的时间点进食，通过不断地训练，它会到点就饿，不到点就不饿。

通过以上三点，基本也就能做到规律饮食了。但是如果你的消化系统功能强大，经常不到饭点就撑不住了，那么应该如何掌握饮食呢？下面再介绍一个方法。

3. 食量要均衡

回想一下，你会在一天的什么时候感觉到精神困顿？通常是在饿的时候，此时，你的注意力、耐心、大脑运行速度都处于最差的状态。

除了饿之外，另一种极端情况就是吃撑了。当你吃撑了以后，你的身体能量会被集中在胃里，包括你的大脑能量也会被用于消化食物，所以，吃撑了人就会想睡觉。

那么如何解决这个问题呢？很简单，你可以先思考下，自己为什么会吃撑？通常有以下三个原因。

- 饿疯了，吃嘛嘛香，食欲大增。
- 美食太好吃了，让人忍不住多吃。
- 饭做多了，不舍得浪费。

最主要的就是第一个原因。人在饿的时候就容易暴饮暴食，这个时候，饭量会大增。

怎么解决呢？很简单，就是在饭点前稍微吃点东西，也就是所谓的及时补。

就我个人而言，我一般在 11 点左右，就会感觉饿了，于是我会补充一些食物，让身体有能量扛过午饭前的最后一小时。

加餐吃什么是很有讲究的，切记不要吃高糖、油腻的食物，这类零食的即时饱腹感很强，会严重影响你的正餐，如果正餐吃得过少，中途又要补充零食，从而会进入恶性循环。如果不知道吃什么，可以选择一些干果或者水果，既可以帮助你维持精力，又有营养。

如此，你的一天饮食就会呈以下状态，如图 11-9 所示。因为有加餐，会让你保持身体能量，并且吃正餐不至于吃撑，非正餐时间也不会觉得饿，一举多得。

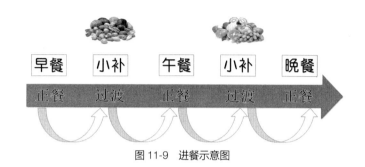

图 11-9　进餐示意图

睡眠管理　保持精力旺盛

如果睡眠有问题，那么精力管理也就无从谈起。什么是好的睡眠？如何获得高质量的睡眠呢？对于以下四个标准，如果都能做到，说明睡眠没问题；如果做不到，则要好好调整下睡眠。

- 睡得快：不会失眠，躺床上很快就能睡着。
- 睡得深、睡得好：中途非常不容易醒来，一觉到天亮，睡眠时间也不冗长，能在尽可能短的时间内获得极高的睡眠质量。
- 起来爽：起床后精神百倍、神采奕奕，不会出现白天犯困的情况。

那么，如何做到以上四点呢？

1．睡得快

想要快速入眠有两个极其重要的关键点：第一点是准备入睡前的活动，第二点是入睡时的活动。只要把这两点解决了，才能保证入睡快。

入睡前的活动指躺在床上之前的一些活动。如果你在入睡前喝咖啡、蹦迪、做一些高度刺激大脑的事情，那么你很可能会失眠。入睡时活动指躺在床上闭上眼睛胡思乱想，此时你的脑子里像在开大会，闭上眼睛后也无法快速入眠，例如，你想起了工作的不顺、人际关系不合……总之，脑子里有各种各样的念头。想着想着你就更亢奋了，彻夜难眠。

也就是说，你失眠的核心原因是入睡前和入睡时的事没处理好。那么如何解决这两个问题做到快速入眠呢？下面介绍两个方法。

方法一：睡前仪式

所谓睡前仪式，指的是把身体调节到最适合睡眠的状态，不刺激它，让它犯困。例如，晚上可以进行健身，让身体得到放松，但在睡前一定不要做剧烈运动，也不要睡前暴饮暴食，或喝刺激性饮料……

我一般会从四个方面去完成睡前仪式，如图 11-10 所示。

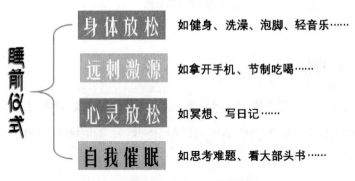

图 11-10 睡前仪式示意图

这四点是什么意思呢？例如，我会先通过健身，把身体的能量全部挥霍出去，然后洗一个舒服的热水澡，让身体放松下来；在睡前 30 分钟，我拒绝吃任何东西，并把手机等电子设备扔得远远的，将灯光调成暗暖色；然后，我会写一篇总结复盘日记，规划明天的任务，清空思绪；最后，我会在睡前啃一部有难度的英文原著，消耗大脑能量，自动催眠。

当我做完这些，困意就已经非常强烈了。你也可以按照这四个方向去设计自己的睡前动作。你根本不需要费心去想一些复杂的活动，只需要有意识地避开一些刺激大脑的活动，以及安排一些让大脑疲惫的活动即可。

下面请设计你的睡前仪式。

睡前仪式 1：..

睡前仪式 2：..

睡前仪式 3：..

看到这里你可能会说，我每天忙得像陀螺一样，哪有工夫做这些啊？下面有一个简单的方法，只要掌握它，即使你没有时间完成一套完整的睡前仪式，也能很快睡着。

方法二：两分钟入眠法

两年前我深受失眠的困扰，只要躺在床上，脑子就开始像开大会了，不折腾到半夜绝不罢休。由于失眠，我的生物钟完全紊乱，白天的状态一塌糊涂。

后来看到一本书，书里提到了美国空军设计的快速入眠法，可以让飞行员无论在白天还是晚上，甚至是在战火纷飞的环境下都能在两分钟内快速入眠。

原书的步骤很复杂，经过我的实践归纳后，总结为了两步。

第一步：放松。闭眼，平躺在床上，什么都不想，开始感受身体慢慢地软下来。呼吸平稳，将注意力从头部开始（额头、双颊、鼻子、嘴唇，直至整个脸部肌肉），慢慢向下转移。

在这个过程中，你会感觉身体开始变得轻飘飘的，意识逐渐模糊，最后沉沉睡去。

经过第一步后，如果你还没睡着，那么就继续进行第二步，即在第一步身体放松的前提下开始想象。

第二步：想象。可以想象自己乘坐独木舟在大海里轻轻摇曳。

为什么想象能催眠？其实原理很简单：假设你现在迷路了，露宿荒野，远方不断地传来野兽的吼声，试问在这种环境下你能呼呼大睡吗？但是假设你现在身处温暖的小屋，躺在柔软、暖和的床上，你此时又是什么感受呢？

当人对环境没有掌控感的时候就容易焦虑，难以入睡，但是如果确认自己处于绝对掌控的环境下，那么就没有任何焦虑，也就容易安心地睡着。

根据进化论的观点，我们人类天生就有一根极其敏感的神经，可以帮助我们随时对外面的危险环境做出反应，但是如果因为烦心事让这根神经绷得太紧，我们就非常容易因焦虑而失眠。

而想象就可以帮助我们塑造安全感，它会告诉潜意识，现在处在极其安全、温暖、舒适的环境中。这个时候，我们就会放下一切戒备心理，安然入睡。

但要注意的是，想象是帮助我们放松神经的，因此不能想象那些容易让人亢奋的场景，而是应该想象可以让你放下戒备心、极度舒适的场景。

2. 睡得深，睡得好

对于这个问题，其实很简单，只要顺势而为，就能睡得深、睡得好。意思就是找到自己的生物钟，让它可以和自己的身体调节系统达到最佳匹配。

那么，如何确定睡眠周期并使其规律呢？主要有以下两个方法。

方法一：确定自己每天要睡够几小时

有的人一天睡 4 小时就够了，有的人则需要睡够 8 小时，而有的人即便睡 10 小时都不够。即使是同一个人，随着年龄的变化，遇到的事情不同，所需要的睡眠时间也会完全不同。

科学告诉我们，睡多了不好，睡少了也不好，那么应该怎么找到最合适的睡眠时间呢？下面介绍一个基准线加减法，可以帮助你了解日常所需的睡眠时间。具体怎么操作呢？

首先要确定睡几个小时，然后再确定一个固定的上床睡觉点。例如，晚上 11：00 准时睡觉，再在这个基础上往后数 6 个小时，即第二天早晨 5：00 起床。

如果发现起床后的精神还不错，那就暂定每天早上 5：00 起床。但是如果你发现起来后脑袋昏昏沉沉的，这就说明睡眠时间没有满足身体需求，那就以 30 分钟为单位再把起床时间往后延。通过这样的调整去摸索身体的调节规律，然后你就可以找到一个非常适合自己的睡眠时间段了。

方法二：反复强化，让身体彻底适应它

作息规律最大的难点就是做到按时在规定的时间点执行相应程序，即到点就睡觉，到点就起床。因此，你需要借助思想助推及环境助推去反复训练。如此，大约坚持三个月，你的生物钟就会变得十分规律。

3. 起来爽

为什么早起会让我们感到痛苦？经科学研究，睡眠分为四个阶段（入睡、浅睡、深睡、快速眼动），它们是呈周期规律性运行的。如果破坏了这个周期，如被人强行从美梦中叫醒，就会十分痛苦，如图 11-11 所示。

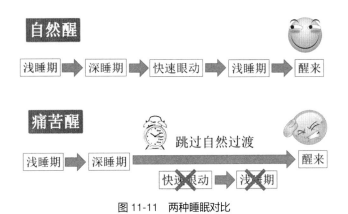

图 11-11　两种睡眠对比

那么怎么才能做到自然醒呢？这个还是要根据我们身体的规律，去主动调整。我总结出了三个方法。

方法一：塑造唤醒环境

我们的身体对光线极其敏感，当身体感受到光线后，体内的褪黑素分泌减少，血清素分泌增加，新陈代谢加快，身体各部分逐渐从熟睡过渡到浅睡，直到自然醒来。

所以，光线是让我们自然醒的主要因素。我们可以通过定时开关的灯来模拟日光，让身体到了规定的时间点就被唤醒。

方法二：震动手环唤醒

手环既可以监测睡眠质量，又可以当作闹铃。它可以轻微地摇动你的手腕，把你从深睡区缓缓地拉到浅睡区，直到醒来。

方法三：调整闹钟位置，设计起床环境助推

为什么要设置闹钟位置呢？很多人为了早起，会设置好几个闹钟，隔几分钟就会响一次，结果不但早起失败，睡的时间比平时还长，而且精神萎靡不振。

为什么会这样？其实很简单，被闹钟叫醒又呼呼大睡，刚睡着又被叫醒，自然没有精神。

有研究发现，如果你经常被闹钟这样叫醒，关掉闹钟后又睡去，如此反复，不仅会影响一个人的精神状态，还会让情绪焦躁易怒，对健康极为不利。

对此，我是这样解决的，我会在睡觉前把手机放在离床很远但能听到响铃的地方，当闹钟响起的时候，我不得不起床去关掉它，而当人起床活动了，大脑也就清醒了，可以避免再一次睡着。

小休管理　如何快速恢复精力

你能一口气跑 2000 米吗？除非经过专业训练，绝大多数人都无法做到。但是如果每次只跑 500 米，然后休息 10 分钟再跑，这样的话，应该就能跑完 2000 米了。

这就是我们身体的规律，学会恰当的休息，不仅可以让你高效地完成任务，而且做事的过程也更愉悦。

精力旺盛且学习能力很强的人通常都有一套顺从身体规律的高效休息法，不仅能轻松地学好知识，而且效率高。

那么，究竟怎样做才是比较好的休息？接下来，我们具体讲一下。

1. 设置休息时间

提起这个问题，我们就不得不聊聊有名的番茄工作法，番茄工作法指的是以 25 分钟为一个工作单位，也称为番茄钟，每完成一个番茄钟，休息 3~5 分钟，然后开始下一个番茄钟。这种方法比较适合浅层次思考类的工作，但从做事效率的角度来讲，番茄工作法并不太适用。

美国心理学博士帕拉迪诺曾提到过注意力曲线，这条曲线恰好反映了注意力与时间的关系：在最开始的时候，我们的注意力难以集中，但是随着时间的推移，我们就会越来越专注；但是专注久了身体也会疲劳，注意力指数就会下降，如图 11-12 所示。

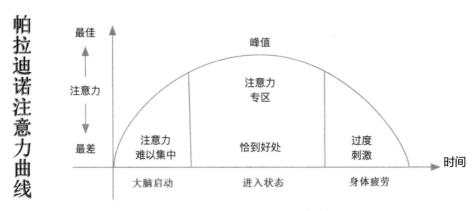

图 11-12 帕拉迪诺提出的注意力曲线

如果不用番茄钟，如何确定自己什么时候休息、应该休息多久呢？根据个人情况，我会分成两种情况来处理。

第一种：上课钟

在大部分情况下，如浏览资料、阅读、学习、工作等，不需要特别深度的思考，我会设定 45 分钟为一个工作单位，结束后就休息 10 分钟。45 分钟刚好是一节课的时间，因此我把它称为上课钟。

为什么一节课的时间是 45 分钟，而不是 25 分钟、15 分钟呢？这是科学家反复研究、测试的结果，这个时间长度符合人类的注意力习惯，包含了人的注意力从开始集中到逐渐分散的过程。

不过，即便是使用上课钟，但也不必像番茄钟那样死板地执行，因为每个人的个体差异、精力状态各不相同。刚开始的时候，你可以以 45 分钟为标准，然后观察身体反应，进行相应的加减，通过反复的测试找到最适合自己的单位时长，如图 11-13 所示。

第二种：心流钟

心流指做事极度专注的忘我状态。在这个时候，你的状态是最好的，此时你的身体、注意力等，全部达到最巅峰的忘我状态。心流钟适合小部分场景。

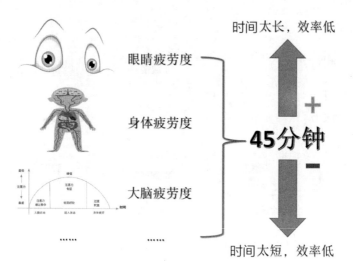

图 11-13　上课钟示意图

当我处在心流状态，我就不会理会任何休息提醒，而是会专注于眼前的事情，直到身体发出疲倦信号，再从心流状态中退出。这种情况，我称为心流钟，此时做事的效率是最高的，当身体累了，它会自动提醒你，自然就会退出这种状态，如图 11-14 所示。

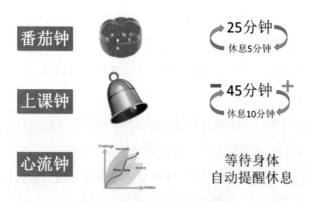

图 11-14　几种工作法的示意图

2. 休息期间做什么

对于"休息期间做什么"这个话题，没有固定标准，但有一个最基本的原则就是：从事那些不消耗认知的活动。

当下大多数你认为的休息方式，其实并不是在休息。看看下面四种活动，你认为哪一种的放松效果最好？

- 放松：什么都不干，或者做几个伸展运动。
- 补给：喝杯咖啡，或者喝杯茶……
- 社交：和朋友聊聊天。
- 认知：上网读读新闻，查看邮件……

实验揭示，第二种和第四种是最差的休息方式，恢复精力最好的方式是第一种和第三种。

我们平常以为的那些放松休息活动，如看电影、刷朋友圈、刷短视频、玩游戏等，不仅不能让你休息放松，反而会让你更累。

回想下，在某个休息日，你放纵一天后是什么感觉？你也许会发现疲劳程度不亚于工作和学习。或者在某一天你可以自测一下，当学习疲劳后玩会儿游戏，然后继续学习，那是一种怎样的感觉。

既然我们认为的大多数休息活动并不是正确的休息方式，那么有什么真正能让我们快速恢复精力的休息活动呢？

疲劳的时候，你可以试着做以下这些事。

- 冥想。
- 干家务活、收拾房间。
- 打开窗户眺望，什么也不想，只看看风景。
- 在放空状态下，在室内或者到室外散步。
- 找人打球，做一做拉伸运动。
- ……

类似的活动很多，不过你只要记住一个原则：这件事不能消耗你的认知。你可以根据工作和生活的具体情况，自由选择休息方式。

3．怎么利用午休快速恢复精力

午睡对我们的健康有很多好处，如图11-15所示。

从健康角度
- 可以保护心脑血管，降低冠心病及脑梗死的发病率
- 消除疲劳，控制血压
- 明显增强记忆力
- 提高免疫力，使人体的淋巴细胞得到增强
- 调节情绪，减少紧张的工作压力

图 11-15　午睡的作用

从恢复精力的角度，让我们看看午睡的作用到底有多大。不夸张地说，即使你因为某些原因熬夜了，但只要你有午睡的习惯，哪怕只睡 10 分钟，也能让你整个下午神采奕奕，如图 11-16 所示。

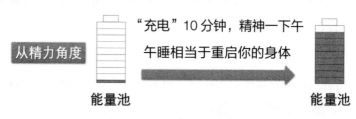

图 11-16　午睡可以恢复精力

总之，无论你是学生还是工作人员，只要你有合适的环境，最好能培养午睡的习惯。当你感受到它的作用之后，一定会爱上它。

关于午睡，我总结了四点心得。

第一点：培养午睡习惯

所谓培养午睡习惯，也就是说要根据个人情况设定一个固定的睡觉点和醒来点，并且让身体记住这个午睡规律。例如，我的入睡时间是 12∶25，醒来时间是 12∶55，整个过程持续 30 分钟。

在培养习惯初期，可以利用闹钟等工具进行辅助，因为白天的午睡不同于晚上的正眠，中途即使被闹钟叫醒也不会痛苦。

第二点：饭后睡前先漫步消化食物

如果你吃过饭后就直接睡觉，不仅会损害消化系统，还会让你难以入睡。所以建议在饭后一定要走一走，等肚子里的食物消化得差不多了再去睡觉。

第三点：找一个尽可能舒适的地方午睡

如果在办公室工作，可自带躺椅。总之能躺着就尽量不要趴着，身体舒服才能保证快速入眠。

第四点：午睡辅助工具

一般，午睡时间都比较短，很多人没有午睡的习惯，但如果有辅助工具，也可以帮你快速入睡，如眼罩、耳机、音乐播放器等，如图 11-17 所示。

图 11-17　午睡辅助工具

- 眼罩：光线是入眠的"大杀器"，所以眼罩是午睡的好工具。
- 耳机：公司环境可能会偶有嘈杂，如开门声、键盘声、走路声等，将难以入睡，戴上降噪耳机后会安静很多。
- 音乐播放器：用于播放白噪声，前文也提到过，人无法在绝对安静的环境下入眠，在自然声音下，如风声、雨声等，能起到静心的神奇功效。我每次睡前都会打开白噪声软件，模拟风声、下雨声、篝火声……刻意塑造一种平和的状态，有助于入眠。

如果你没有午睡的习惯，刚开始可能会不习惯，但只要你成功体验一次之后，就能感受到午睡的作用了，哪怕只有 10 分钟，也能让整个下午轻松愉快。

运动管理　开启不疲惫的人生

我是从五年前开始养成运动习惯的，这个习惯彻底改变了我的生活，下面我

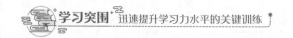

就以个人经历来聊聊为什么一定要运动。

我从小体质就很弱，在没有健身前，每年都会感冒七八次，开始健身后，至今感冒不超过4次。

以前爬楼梯，上几个台阶就喘得厉害，现在爬六楼一点都不费劲。

以前弯腰驼背，气质差得一塌糊涂，现在身姿挺拔，很多人都以为我上过仪态课。

以前皮肤暗沉没有光泽，健身后容光焕发。

以前干点活就身体疲劳得不行，现在工作了一天仍然神采奕奕。

以前身体弱不禁风，现在拥有八块腹肌，身体达到黄金BMI指数。

……

如果给那些对我帮助最大的好习惯排名，运动绝对能排进前三。一旦养成运动的习惯，它将会对你的人生产生巨大增益。生命在于运动，这并不是一句空话，但只有真正动起来，才能感受到它的益处。

然而，现实生活中很多人都输给了"懒"字。任何时候开始运动都不晚，那么应该从哪里入手呢？

首先，搞清楚自己的需求。从实用的角度来讲，运动有两种方式，我称它们为"小休性运动"和"专门性运动"。所谓小休性运动，就是帮助你赶走疲劳、恢复精力，维持健康的身体状态。例如，当你看书累了，可以伸个懒腰或者散一散步，等身体状态好了再回来看书，这就是小休运动，它操作起来轻松，能快速有效地让你振奋精神。

而专门性运动就是健身、跑步等，它能从根本上改变和提升我们的身体素质，需要你拿出整块时间专门训练。

如果你的目标仅仅是快速恢复身体状态，那么就不需要进行专门性训练，利用工作间隙进行小休性运动就够了。但是，如果你想要健美的身材、充沛的精力，从根本上提升身体素质，那么就需要进行专门性运动了，如图11-18所示。

如果有条件，建议两种方式的运动交替进行，一个可以帮助你在工作中快速恢复精力，另一个则能从根本上提高你的身体素质。我一般会在工作疲劳的休息时间做一会儿小休性运动，帮助恢复精力，而在晚上，我会专门抽出一个小时，进行专门性的健身塑形训练。

图 11-18　两种运动对比示意图

1．小休性运动

关于小休性运动，我推荐几个不错的方式，时间短，见效快，能快速帮你恢复精力。

拉伸

它更像是健身房热身运动的起步式，平时的伸懒腰就算是拉伸的一种，你能直观地感受到这个小动作带来的放松感。拉伸动作一定要做到位，幅度要大一些，感觉到肌肉明显的撕扯感，拉到身体自然发热为佳。

小健身

这里的小健身不是上面说的专门性健身，而是指幅度不大、能快速完成的动作。例如，慢跑、1～2组俯卧撑、跳绳等，这些都属于小健身范畴。当你感觉累了倦了的时候做两组小健身，很快就精神了。

打球

这里的打球是指羽毛球、乒乓球等，例如，我用乒乓球和墙对练，不仅可以让全身动起来，而且可以有效地锻炼反应能力。

小休性运动方式很多，它的目的不是帮助你健身塑形、练出八块腹肌，而是帮助你赶走疲劳，快速恢复身体活力。在工作学习疲劳的时候，进行5～10分钟的小休性运动就可以让你神采奕奕。

2. 专门性运动

对于专门性运动，依旧是先确定自己的需求，如果你只想提升体能，让身体素质更棒，那就没必要制订过于苛刻的训练计划，只需要进行一些基础性训练即可，如跳绳、跑步、打球等有氧运动；但是，如果你想拥有肌肉、人鱼线、马甲线，或者减肥，等等，那就需要进行一些难度较高的无氧运动了，如举铁健身等。

具体训练项目推荐

可以下载一款运动类 APP，如 Keep，它会自动帮助你规划好训练方式、训练项目，按照 APP 的规划训练就可以了，根本不需要纠结要练什么。如果你有健身经验，可根据自己的体能自行定制训练计划；如果你没有健身经验，可跟随它的设定，从最基础开始，循序渐进地训练。K1 是基础，K2 难度上增，K3 难度更增……以此类推。

训练计划怎么分配

其实大多数人健身都不是为了参加比赛，没必要按照运动员的方式训练，也不用天天训练。科学证明，天天训练反而会损坏身体，身体是需要一个恢复的过程的。我个人的节奏是：一周训练四天（周一、周三、周五、周日），休息三天（周二、周四、周六），如图 11-19 所示。你也可以根据自己的时间调整适合的运动节奏，这样更便于肌肉恢复。

计划表		周一	周三	周五	周日
训练项目	开始	全身热身	全身热身	全身热身	全身热身
	核心	练手臂	练胸部	有氧全身	练腿部
	次核	练腹部	练臀部	练腹部	练背部
	结束	全身拉伸	全身拉伸	全身拉伸	全身拉伸

图 11-19 我的训练周期表

接下来，请根据自身的实际情况设计训练周期表吧。

训练周期表

训练项目	开始	核心	次要	结束
拉伸				
打球				
小健身				
……				

如何坚持训练

制订训练计划是容易的，坚持下去才是最难的，我总结了以下几个可以帮助自己坚持运动的办法。

利用环境助推先让自己动起来

借用外部力量，坚定地训练下去。例如，当你纠结要不要跑步时，可以先下单买一套运动装备。当你看到漂亮的运动服之后，就有穿上它们去跑步的欲望了。我当时为了养成健身的习惯，就先在朋友圈公布自己要进行100天训练的计划，然后坚持每天发打卡，最后在朋友们的监督下，成功坚持了下来。

当训练持续了一段时间后，你的身体就会适应这个习惯，到最后可能不依靠外力也能自主完成了。

利用环境助推塑造行为

所谓"近朱者赤，近墨者黑"，你关注的人决定了你能看到的世界，以及你会成为一个什么样的人。无论在生活还是工作中，我都会刻意关注一些能为我带来正能量的人，留意他们的动态，从而受到潜移默化的影响，为自己添加动力。

同样的，你可以主动塑造你的环境，例如，组队、加入健身俱乐部、结交健身达人……

制造积极反馈

人在做事时，往往都是需要激励的，只有付出没有收获的事情，很难坚持下去，学会给自己制造积极反馈才是高手的表现。所以，一定要制造看得见的反馈。例如，你日益感受到的精力旺盛、爬楼梯不累、拥有八块腹肌……总之观察和捕捉健身给你带来的变化，然后充分享受它带给你的快乐。

健身时间卡点

我们之前讲过，一定要把项目固定到一个时间点上去做，因为大脑喜欢清晰和规律。如果你很随性，想做就做，不想做就不做，不要说坚持下去，你可能很快连健身这件事都会忘得一干二净，所以要对健身设置时间点。

【 **本章总结** 】

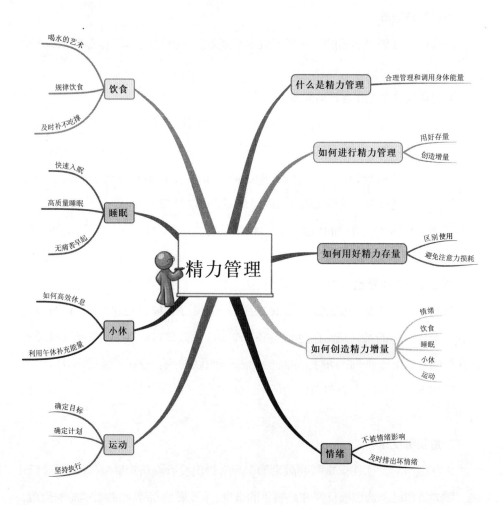

计划安排

如何科学合理地进行任务管理

> 俗话说"不打无准备之仗",无论做什么工作,准备工作都很重要。所以,我们在做事的时候,最好要有计划安排。有计划之后,做起事情来才会有条不紊,而不会手忙脚乱。

有效计划的标准

你会经常做计划吗?你的计划完成度怎么样呢?我过去是一个特别喜欢制订计划的人,每次做计划的时候都感觉非常神圣,认为计划只要制订出来,一定可以完成。实际情况却是,很多计划无法真正地执行,最后不了了之。

为什么会这样呢?因为我们制订的都是无效计划。

所谓有效计划,一定要符合以下三个标准。

标准一:计划的安排必须符合人性。计划需要考虑实际情况,合理地安排,这样才能够执行下去。即使你的计划非常完美,但是如果无法落地,一切都白搭。

标准二:事项梳理得像路线一样清楚。一个好的计划,就要像之前提到的游戏设置一样,每一步都要知道该干什么。

标准三:好的计划一定是少思考多执行的。很多人会把大量的时间和精力放在思考该做什么上，事实上，我们不需要每天在做计划这件事上浪费太多时间，而是要把时间用在执行和完成计划上。

如何制订有效计划

只要你的计划符合以上三个标准，就是有效计划。那么，如何制订出有效计划呢？我总结了三项：梳理、设计、固化。

1. 有逻辑地梳理计划

我明天要把衣服洗了；

我明天要看书；

明天还要给家人打个电话；

我明天要锻炼身体；

对了，明天要把项目预案做出来；

领导还让我明天下午去见一个客户；

……

很多人就是这样杂乱无章地梳理计划的。这样零乱的思路，你能弄清楚自己究竟要做哪些事情吗？也就是说，这种毫无逻辑的梳理计划的方式基本决定了计划执行不下去。所以，请牢记梳理计划的原则：我们的计划必须是清晰有逻辑且容易记住的。

关于有效梳理计划的正确方式，我推荐一套万能的三维度法，即所有的事都可以归纳为学习、工作、生活。我们可以用这个三维度法去梳理事情，如图 12-1 所示。

图 12-1　三维度法

从学习的角度出发，思考明天要做什么。

从工作的角度出发，思考明天要做什么。

从生活的角度出发，思考明天要做什么。

如此一来，你的思路就会非常清晰，而且还不会有什么遗漏。

不过，仅仅通过三维度法来梳理计划还不够，你还需要合理地把它们部署到日程中，要清楚地知道如何执行，以及什么时候执行。

2. 按照时间维度部署日程

你是否经常设计这样的日程表？如图 12-2 所示。

时间	安排
6:35—7:40	起床、洗漱、吃早餐
7:40—8:40	背诵英语单词（或者背诵专业知识模板）或者专业课
8:40—9:00	背诵政策形式、经济学知识点
9:00—12:00	重点攻克数学知识点，或者做考试模拟题
12:00—13:30	午餐、午休
13:30—16:00	精读英语，复习后期侧重英文作文
16:00—18:00	复习数学和专业课
18:00—18:40	吃晚餐
18:40—19:30	背诵英语单词（以理解为主）
19:40—22:30	重点攻克数学和专业课（可以按照科目进行调整）
22:30—23:00	洗漱、准备睡觉

图 12-2　日程表

看起来一天的日程安排既充实又有条理，但真正执行的时候，你会发现根本不能落地。因为对于我们大多数人来说，无法做到严格按照表格要求的时间去做一件事情或者完成一件事情。而且，这种有限制的计划会极大地增加出错率，甚至像多米诺骨牌那样，一件任务没有按时完成，后面的任务就都推迟或者泡汤了。

这样会极大地挫败你的信心，导致你回到随性做事的状态，再也懒得去做计划了。

那么，什么是合理的计划呢？自然是有弹性的计划。所谓弹性计划，指的是不要把做任务的时间固定在某一具体时刻，而是把你一天的时间分成几块，把任务安排在对应的时间块中，以块为单位去执行完成。如图 12-3 所示。

图 12-3　时间块示意图

例如，我会把自己一天的时间分成五个部分，分别是早晨、上午、中午、下午、晚上，如图 12-4 所示。

时间	学习	生活	工作
早晨	□ BBC 新闻 & 国内 □ 学习《经济学原理》part6	□ 早餐	□ 游览行业新闻
上午	□ 阅读英文原著第 4 章节		□ 和同事一起做出 A 项目方案 □ 对接客户 A
中午	□ 做逻辑学习题	□ 午睡 20 分钟	□ 做出项目介绍 PPT
下午	□ 关注财经新闻		□ 2:30 进行一个专题培训 □ 完成培训小结 □ 执行新的推广方式 S
晚上	□ 学习西方文明史第 4、5 课 □ 整理当天学习笔记 □ 完成当日总结日记	□ 做晚饭 □ 练习小提琴 □ 洗衣服 □ 健身 1 小时 □ 睡前收拾，清空大脑	□ 思考如何完成 KPI □ 梳理第二天日程，并且做好准备工作

图 12-4　日程表

从日程表上来看,我早晨计划完成四个任务,我只需要在这个时间区间完成这些事即可,至于执行次序和具体的执行时间,完全根据我当下的情况自由安排(这一点可参考前面提到的 2W2H 法部署)。

在这个计划表中,除了专题培训有明确的时间要求,其余的任务都没有,也就是说我有充分的时间自由安排这些事情。

仅仅把任务插入计划表中并不够,你还需要给日程表进行重要级排序,确保将有限的时间和精力用在更有价值的事情上。那么,如何给自己的任务排序呢?

其实很简单,我们只需要用四个符号,给表中的每个任务标出执行优先级即可,如图 12-5 所示。

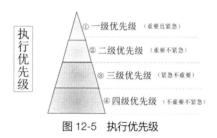

图 12-5　执行优先级

这样排序之后,任务的轻重缓急程度就一目了然了。事实上,类似于午睡、吃早餐、健身这些项目已成了习惯,根本不用放入计划表。也就是说,在实际执行过程中,我每天需要写入日程的事情只有几件,其余的都是到点执行。

精简和确定优先级后,日程表如图 12-6 所示。

时间	学习	生活	工作
早晨	②□ 学习《经济学原理》part6		
上午	②□ 阅读英文原著第 4 章节		①□ 对接客户 A ②□ 和同事一起做出 A 项目方案
中午			③□ 做出项目介绍 PPT
下午			①□ 2:30 进行一个专题培训 ②□ 执行新的推广方式 S ③□ 完成培训小结并送交领导
晚上	②□ 学习西方文明史第 4、5 课	①□ 把衣服洗了 ③□ 练习小提琴 PART3 ④□ 睡前收拾,换上新被套	

图 12-6　日程表截图

3. 固化有规律的任务

所谓有规律就是那些我们每天都会做的事情，例如，生活上吃饭、刷牙、健身等，学习上的看书、学英语、练技能等，工作上的做表格、做预案、培训、复盘等。

仔细反思自己的生活，把这些项目梳理出来，然后尝试把它们固定在一个时间点去做。例如，我把健身的时间安排在晚上9∶00，在健身日的时候，我都不用做任何考虑，到点就去执行；而在非健身日，我则把这部分空出的时间用于写文章。

因为我们的大脑喜欢有规律的事情，有规律的东西就会形成习惯，习惯到一定程度的时候，它们就会像体内的生物钟一样灵敏，到点即执行，在执行的时候就不再消耗意志力。

等规律化以后，这些任务就不需要写入日程表了，你在梳理计划的时候，只需考虑新加进来的项目即可，一切了然于胸。

你或许会问："当计划被打乱时怎么办？"对于这个问题，要知道计划永远赶不上变化，计划被打乱是一件无比正常的事情。当计划被打乱的时候，你前面做的优先级排序就体现出了重要性，如果当前的事情是重要且紧急的，就按照要事第一的原则，全力攻克最重要的事情。即使其他项目受到影响，那也不必焦虑，因为你做的是最有价值的。

如果你对自己的要求很高，仍想在计划被打乱后尽可能地完成任务，应该怎么办？我以健身这件事举例，因为我本人的健身日是每周的一、三、五、七，假如因为公司聚餐等特殊情况，导致我在周一的健身计划没有完成，那么我就会把健身任务移到周二补上。每个人都可以根据自己的实际情况去灵活处理，而不必拘泥于形式，毕竟，形式是为目标服务的。

总之，要合理制订计划，但也不必苛责自己，要留出一定的可变空间，做到有张有弛，这样会无比舒畅。

【本章总结】

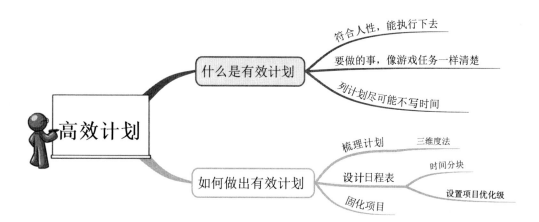

第四篇

学习力的百宝箱,助你乘风破浪

高效工作工具箱

梦想训练的五大模板

在梦想训练环节，我设计了五个模板，分别是梦想清单模板、月度计划模板、周计划模板、日计划模板与写日记模板。利用五大模板进行反复训练，梦想就会变成现实。

首先，将你最渴望实现的梦想分别从学习、工作、生活三个维度进行分类；然后按时间点进行划分，分为长期、中期与短期；最后，将它们填在模板中。

1. 梦想清单模板

该模板用于梳理目标和计划，主要分成以下三个阶段。

第一阶段是长期计划。

第二阶段是季度计划和月度计划。

第三阶段是周计划和日计划。

这套模板只是用来梳理目标和梦想的，不必考虑是否可以执行的问题。梦想清单模板相当于一个总计划，接下来将任务分拆到每月、每周、每日，目的是确保计划可落地，如图13-1所示。

梦想清单模板

长期目标规划（人生和年）	学习	
	工作	
	生活	
中期目标规划（季度和月）	学习	
	工作	
	生活	
短期目标规划（周和日）	学习	
	工作	
	生活	

图 13-1　梦想清单模板

2. 月度计划模板

结合前面提到的目标管理方法，建立一个计划监督执行模板，确保任务能够完成，如图 13-2 所示。

3. 周计划模板

从学习、工作、生活三个维度，按照前面讲到的方法，把梦想清单中的任务计划部署到每一天，如图 13-3 所示。

4. 日计划模板

根据周计划，安排每一天的工作计划，并进行目标和任务管理，可大幅度地提升效率，日计划模板如图 13-4 所示。

周	日期	成就达成	完成度评分	奖励	惩罚	月总结
			___月 月度日程监督表			
第一周	1号					
	2号					
	3号					
	4号					
	5号					
	6号					
	7号					
第二周	8号					
	9号					
	10号					
	11号					
	12号					
	13号					
	14号					
第三周	15号					
	16号					
	17号					
	18号					
	19号					
	20号					
	21号					
第四周	22号					
	23号					
	24号					
	25号					
	26号					
	27号					
	28号					
第五周	29号					
	30号					
	31号					

图 13-2 月度计划模板

任务计划	周一	周二	周三	周四	周五	周六	周日
			第__周任务部署模板				
学习任务							
工作任务							
生活任务							
总结反思	本周执行总结： 下周改进计划：						

图 13-3 周计划任务模板

星期			年　月　日
任务级别 优先级	时间安排	今日事项 要事第一 (A级：最重要　B级：重要　C：次重要)	完成打卡
送上鼓励：			
执行反省：			
明日改进：			

图 13-4　日计划模板

5. 写日记模板

写日记模板相当于一个总结与复盘，将一天的收获、经验、得失记录下来。可以把一天的所有事情分成四个维度，即学习、工作、生活及心情记录。通过写日记模板进行总结和复盘，可以及时发现问题，从而进行改进和完善，会提高工作和学习的速度，并能提高效率，如图 13-5 所示。

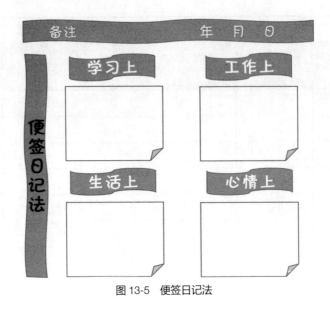

图13-5 便签日记法

高效任务管理工具

iToDo 是一款结合了四象限、时间轴、日历模式和番茄工作法的时间管理APP。界面很清爽，没有其他冗余的功能。打开软件后，我们第一眼看到的就是四象限页面，按照矩阵划分任务，一目了然，如图13-6所示。

在【四象限】按钮旁边的是【时间轴】按钮，点击这个按钮即可把任务视图切换成时间轴的样式，它会自动按照任务设定的时间顺序排列，会提示什么时候该做什么，非常有序，如图13-7所示。

除了 iToDo 外，也可下载钉钉、四象限、飞书等。

在 iToDo 中，点击任何一个象限，可以将该象限进行放大查看，点击【+】按钮增加项目，点击【√】可完成项目。

图 13-6　软件四象限主界面一览

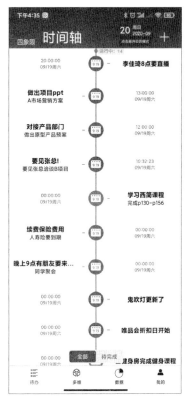

图 13-7　软件时间轴页面一览

新增任务的时间周期可选择普通，即一次性任务，或每日、每工作日、每周、每月等，完成后系统到时会自动生成新任务。

对于提醒时间，可选可不选，如果选了就会定时弹出提醒，也可以单独在界面中查看。

此外还有一个备注功能，它可以帮助我们对任务的一些关键信息或者完成目标进行记录，从而更好地完成任务。

接下来我们主要讲一下如何利用 iToDo 管理好我们的任务。我总结成了一个口诀——不遗忘、部署快、有反馈。

1. 不遗忘

什么是不遗忘？意思就是利用日历功能提前把看得到的任务部署好，解放你的大脑，且保证不会遗忘或错过所有重大事项。

例如，你的家人的生日是 8 月 3 日，那么你就可以用软件的日历功能，将她生日当天或者提前几天设计为重要且紧急的任务，并设置提醒；再比如，每个月还信用卡的日子，我们只需要把每个月那一天的任务固定下来，然后就不用管了，软件会自动提醒我们。

2. 部署快

如果我们每天都要把一大堆的任务填入软件中，这样不仅会浪费大量的时间，而且很快会耗尽我们的耐心，最后可能会放弃这种管理任务的方法。

针对这个问题，可以利用时间周期的功能来解决。

首先，可以统一设定好每天或者每周的固定任务，如健身、阅读等，将它们设置为长期项目，这样我每天设置任务的时候就不需要再考虑这一部分，只需要把新任务添加进去即可。

其次，养成设置任务的习惯。例如，在固定的时间，把能想到的下一周的所有任务统一部署进去，这样做的好处就是，不必每天花费大量的时间去填写表单，只需要调整明天的几个重要事项即可。

3. 有反馈

日历和数据统计是很强大的功能，可以让我们非常直观地看到日任务、周任务、月任务，以及任务的完成进度等。

我们可以利用这些数据，为之后的总结和复盘提供直接反馈，进而梳理梦想训练模板的进度情况。到了复盘和做总结的日子，拿出之前的数据进行对比，任务完成进度便可一目了然，从而帮助我们进行改进和反思，并合理调配下个月的任务，如图 13-8 所示。

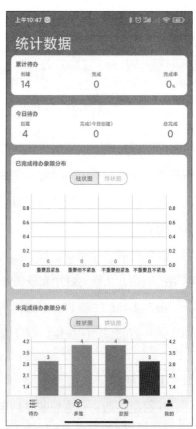

图 13-8　软件的统计数据界面

高效搜索工具箱

在搜索海量信息时,如果有一种高效搜索工具,将会大大提高我们的效率。这里主要介绍一些资源型的高效搜索工具,方便读者以最快的速度找到自己所需要的内容。

全能型资源网站

这些都是极其优秀的资源导航网站,就像一张张地图汇集了全网优质的资源,包括音乐、图书、视频、素材、工具等,你想要的在以下这几个网站基本都能找到。

Pick free:一个专门汇总免费资源的导航网站,包括图片、字体、音频、视频,等等。

虫部落搜索:是一个集资源、搜索引擎于一体的导航网站,可大大提升检索效率。

阿猫阿狗网址导航:产品、运营、IT方向的资源导航站,是"产品汪""运营喵"必备的网站。

考拉新媒体导航：这里有互联网的众多资源，是新媒体人必备的网站。

电子书资源

鸠摩搜索：是一款专注于电子书资源的网站，搜索到的电子书资源一般来自各种网盘，方便大家存储下载。这是我最常用的电子书检索网站。

书格：专注于古籍电子书，可以在这个网站上找到各种各样的古籍图书，可以免费下载。

微信读书：基于微信关系链的官方阅读应用，同时支持 iOS 和 Android 两大终端平台。

豆瓣读书：国内信息最全、用户数量最大且最为活跃的读书网站。

优质的免费网课资源

B 站：短视频播放平台。不止是二次元，纪录片、课程、影视剧，应有尽有。

中国大学 MOOC：国家级精品课，讲师几乎都是顶级高校的教授，内容免费、优质，你想学习的课程几乎都可以在这上面找到。

我要自学网：品类非常丰富，包括办公、设计、视频等，非常适合想自学课程的人。

网易公开课：和中国大学 MOOC 课程类似，讲师也是来自名校的一线教师，课程内容涵盖文学、商业、哲学、技术等，课程内容非常丰富。

高效阅读工具箱

对于高效阅读工具,我们从选书、读书笔记模板、书单三个方面分别予以介绍。

如何选择一本好书

读书的第一步一定是选书。那么,如何才能选出一本好书呢?

首先我们应该确定选书的方向,如果把阅读比喻成一顿丰富的精神大餐,那么开吃前,我们就要先明确一个问题:"吃什么才能更健康?"

主食 底层认知类书籍

主食能为身体提供营养,是维持生存的核心养料。

这类书研究的是事物最底层的逻辑和原理,能打破、重构你的认知,并且给现象提供依据和支撑,如哲学、心理学、经济学、社会学……

`蔬菜` **专业类书籍**

这类书籍与我们的工作和生活密切相关，能帮助我们具体解决某一类问题，提供方法论。如某领域的技术、演讲表达、沟通、运营等，它们可以给我们提供行动方向。把它们融会贯通，可以直接改变我们的生活及做事方式。

`汤羹` **拓展你的认知边界**

这类书籍可以为我们打开世界的维度，让我们的视野更广博。例如，各种历史类书籍、科普读物，虽然不能直接帮我们解决具体问题，但是可以在我们思考解决方案的时候提供大量的参考依据。

`甜点` **为生活添加味道**

胸藏文墨怀若谷，腹有诗书气自华。这类书籍可以直接赋予我们生活更多的美感，如文学作品、诗词歌赋，它不但能陶冶人的情操，还能帮助我们培养卓绝的个人气质。

`垃圾食品` **心灵鸡汤、撩拨情绪的图书**

这类内容通常只会告诉我们要努力、要加油，对于"如何努力"则一笔带过，它们能够撩拨起你的情绪，但却没办法丰富你的思想，相反还会让人沉沦。

那么，如何"吃"得更健康？可以参考这个选书原则，即"米饭、蔬菜"为主，"汤羹"和"甜点"为辅，坚决不碰"垃圾食品"。

通过以上方法，我们知道了选书的方向，但市面上的图书浩如烟海，该怎么选呢？所以仅仅是有了方向还远远不够，在选书的时候还需要考虑两个维度。

维度一：经典

如果你的时间有限，那么选书一定要符合经典的原则，因为经典的东西是经过时间和实践的考验而留下来的。

维度二：符合当前认知水平

当阅读对象的难度远远高于我们的知识储备时，如果还执意去"啃"，那么将会感觉很枯燥或是无聊，这样读书只会消磨掉你的兴趣和热情。

选择阅读的书，一定要符合自己的认知水平，"啃"不下来的内容则暂时放弃。

如何快速找到一本好书

1. 如何快速判断一本书的质量

听书：对于文学类方面的书，利用听书的方式可快速了解书中的核心观点，如果感觉内容还不错，则可以继续阅读纸质书籍，从而加深对书的内容的了解。如果听着内容很枯燥，则可以放弃阅读。此方法只适用于文学类，并不适合技术类图书。因为技术类图书比较专业，需要研究和思考。

书评：书评分为长评和短评，优点、缺点都要看，然后根据实际情况进行综合评估。可以通过豆瓣读书或网店购书来查看下面的评论，综合分析后可看出一本书的质量。

看目录：拿到一本书，通过内容简介，我们大概可以了解这本书的主要内容。但要想了解这本书的质量，最好还是看一下目录。通过目录，我们可以了解这本书的整体框架和涵盖内容，是否层次清晰，以及涉及知识点是否到位。所以通过看目录，也能快速判断书的好坏。

2. 选书的平台

豆瓣：这是我最常用的平台。当找到一本好书后，豆瓣会利用大数据把类似的及其他人在读的书推荐给你。例如，搜索《高效能人士的七个习惯》，豆瓣的推荐如图 15-1 所示。

图 15-1　豆瓣截图

图中每一个标签栏都是一类书的集合,点进去将会看到大量同类书。

知乎:关注知乎平台的"书籍推荐"话题,将会有大量的好书出现在你的视线里,如图 15-2 所示。

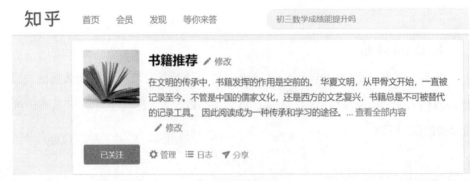

图 15-2　知乎截图

除了以上方法，还有很多找到好书的方式，参考如下。

- 简书：你可以关注简书的"书单"专题。
- 公众号：你可以关注一些优质的读书类公众号。
- 搜索引擎：直接搜索"关键词+推荐"，如经济学书单推荐、XX 书单推荐。
- 社群：现在有大量的读书社群，可以选择加入读书群，结识爱读书的朋友。
- 书内推荐：作者往往会在书内推荐大量的书。
- 书店：线下很多书店，如新华书店，都是快速找书的好地方。
- 图书馆：可以直接在图书馆阅读或借阅。

读书笔记模板

读书时记笔记不但能帮助我们梳理思路，还能帮助我们加深记忆。这一套读书笔记模板分为两大部分，有六个环节。

第一部分是读书前的问题意识，第二部分则是读书后的精华提炼。在读某本书的时候，做到这两点，对这本书的理解就会更深入透彻。

下面以《影响力》这本书为例进行讲解，如图 15-3 所示。这本书的读书笔记模板如图 15-4 所示。

图 15-3　读书笔记的六个环节示意图

读书前：问题意识	问题：这本书可以解决什么问题？	
	需求：我想在这本书里得到什么答案？	
读书后：精华提炼	概括：整本书的逻辑结构是怎样的？请用几句话概括书中核心观点。	
	批判：作者的观点在什么情况下成立或不成立，它的局限性在哪里？作者说得对吗？	
	启发：对我有什么启发？	
	关联：这些知识我能运用在现实生活中的哪些地方？	

图15-4 读书笔记模板截图

1. 读书前的问题意识

问题

这本书可以解决什么问题？

为什么有些人极具说服力？

那些说服高手是运用了什么手段，让我们遵从他们的意志？

这个影响的过程中究竟发生了什么？

需求

想在这本书里得到什么答案？

我想弄清楚究竟什么是影响力，以及它的底层原理是什么。

我希望通过影响客户，尽快获取客户信任，来提升我的销售业绩。

我想知道人是否真的可以被影响？决定影响力的因素是什么？具有影响力后可以达成什么目的？

2. 读书后的精华提炼

概括

整本书的逻辑结构是怎样的？请用几句话概括书中的核心观点。

先讲什么是影响力，再讲如何施加影响力，逻辑清晰。

什么是影响力？我们的大脑思考问题有一套机制，这套机制为了减轻大脑的思考负担，会把我们的一些行为打包成一套模式。例如，提到"怕上火"，很自然地就会想到"王老吉"；提到"送礼就送"，很容易就会想到"脑白金"。

影响力原理就是利用这套快思考模式，调动我们身体的开关，让对方不知不觉做出我们期待的反应。

那么，如何施加影响力？作者提供了几个有效"武器"。

互惠：我对你释放善意，你会产生回馈我的心理，进而产生影响。

承诺一致：人的态度会影响行为，人会为了保持当初的承诺去完成某件事。

喜好：人喜欢和自己相似、有共同点的人，找到共同的喜好会让对方更容易相信自己。

权威：权威意见领袖会带给我们内心的安定感，激发羊群效应。

稀缺：失去的恐惧远大于拥有，机会失去将不再来，利用会失去的紧迫感来完成影响。

批判

作者的观点在什么情况下不成立，它的局限性在哪里？作者说的对吗？

影响力的"武器"起效的原因在于人们在社会生活中养成了"不假思索反应"的习惯，所以在大部分情况下影响力是奏效的。

但是如果遇到一些事关重大的事情，人们进入了慢思考，当理性占据思考主导，就会很容易发现其中端倪，便会产生抵制反应，这个时候影响力的威力就会难以发挥。此时少一些套路，多一些真诚，依赖于理性和逻辑展开说服和影响，效果会更好。

所以，在快思考的场景下运用影响力的原则，但当对方在慢思考的时候，运用逻辑和理性，如此相辅相成，可让影响力有最大的发挥空间。

启发

对我有什么启发？

作者在书中介绍了一个非常精彩的案例：买房子的时候，中介会拉着先看价高质量差的房子，然后再看质量好、价格合适的房子，此时客户就会感觉到后者有极大的价值。这让我想到了心理学上的对比原理和锚定效应。

关联

我能将这些知识运用在哪些地方？

例如，根据上文中介介绍卖房子的方法，我联想到在项目签合同的时候，我会准备两个方案，第一个方案价格偏高一些，但也多了很多无用的功能；第二个方案是原价，服务更全面、实在。这样运用对比原理和锚定效应就能影响客户的决策。

请你根据自己的实际情况，联想相关场景。

场景1：_____

场景2：_____

场景3：_____

场景4：_____

场景5：_____

【自我训练】

接下来，你可以选择自己最近正在读的一本书，利用下面这个模板进行训练。

读书模板

书名:		
读书前：问题意识	问题：这本书可以解决什么问题？	
	需求：我想在这本书里得到什么答案？	
读书后：精华提炼	概括：整本书的逻辑结构是怎样的？请用几句话概括书中的核心观点	
	批判：作者的观点在什么情况下不成立，它的局限性在哪里？作者说的对吗？	
	启发：对我有什么启发？	
	关联：我能将这些知识运用在哪些地方？	

高效写作工具箱

思维导图

思维导图的本质就是结构化思考的外在表现形式，我们之前提到过，结构化思考是最符合大脑思考的方式，而思维导图就是最有效的结构化思考工具之一。

> **推荐工具：XMind，手机和电脑均可下载，免费使用。**
>
> 思维导图的威力巨大，除了做笔记，它还可以用来帮助做任何思考性的工作，如写作、演讲、梳理表达逻辑等。

思维导图的形式非常多，如图 16-1 所示。我们只要掌握四个步骤，就可以做出一个清晰的思维导图。

1. 确定中心主题

中心主题就是文章的主题、话题。例如，想写一个关于挣钱的话题，那么就可以把如何挣钱作为思考的中心主题。

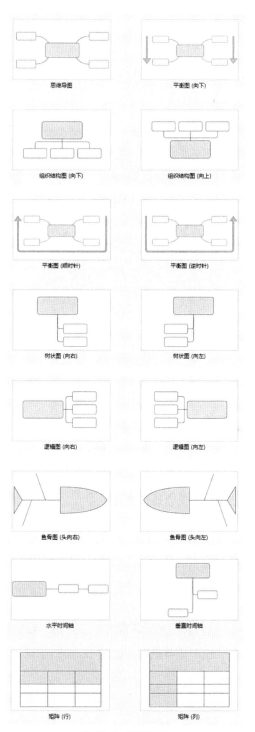

图 16-1 思维导图

2. 确定细分主题

对主题进行细分,可以分为两层、三层,甚至多层,也可以一直往下细分,直到细分出的整个框架能够解决问题为止,如图 16-2 所示。

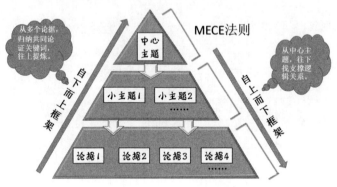

图 16-2 小结

3. 确定细分维度

什么是维度呢?这一点我们在前面的文章也介绍过,所谓维度就是用什么标准去细分主题。例如,我们在前面提到过水果分类,按不同的标准如何划分呢?

从季节维度分类:例如,应季水果、全季水果……

从口感维度分类:例如,甜的、酸的、涩的……

从颜色维度分类:例如,红色的、黄色的、青色的……

从价格维度分类:例如,便宜的、贵的……

……

总之,维度可以有无数个,当确定了维度,你就可以往下细分主题了。

4. 使用 MECE 原则

关于 MECE 原则,我们在前文中详细介绍过,用一句话概括,就是往下分主题的时候,不要有遗漏、也不要有重复,如图 16-3 和图 16-4 所示。

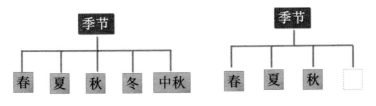

图 16-3　不符合 MECE 示意图

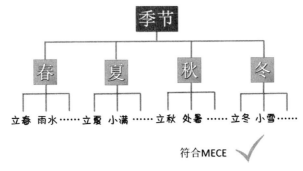

图 16-4　符合 MECE 示意图

掌握了上面四个步骤,你就可以直接动手做思维导图了。例如,当你想了解"为什么没完成任务"时,就可以按照上述原则用思维导图来分析,如图 16-5 所示。

图 16-5　思维导图案例

文案写作工具

1. 选题工具

新榜：可以用来找选题，也可以用来看竞品数据。

新知魔方：一个专注于知乎运营的网站，可以帮助你寻找潜力问题、查看问题趋势、监测问题、寻找潜力热词、预测热榜、搜索问题、知乎投放。当你不知道写什么的时候，直接来这里挖掘选题是效率最高的，可以瞬间启发你的写作思路。

2. 文章构思工具

幕布：可以帮助构思文章大纲，一键自动生成思维导图，电脑和手机均可下载。

Xmind：经典的思维导图工具。

MindManager：类似于Xmind，也是经典的思维导图工具。

3. 写作工具

Word和WPS：最简单直接的写作工具。

有道云笔记：可以帮助我们建立素材库，所有客户端自动云同步。

OneNote：可以做笔记，本地写作体验好。

我来：比较新颖的笔记软件，类似于有道云笔记。

印象笔记：类似于有道云笔记。

讯飞输入法：可以通过语音的方式写作，大大提高写作效率。

搜狗听写：类似于讯飞输入法。

4. 素材积累

句子迷：你能想象到的电影台词、名人名言、经典语录、金句、诗词歌赋等基本都能在这个网站上找到。经常来这里看看，将会对文笔的提升有极大的帮助。

百度图片：几乎可以解决99%的图片问题，但是大部分图片的质量不太高，不够清晰。

千图网：提供视频、音频、素材、模板等。

搜图 114：这个网站提供各行各业的 PNG 素材。

Pickupimage：国外的免费图片的集合网站，主要集中于自然和户外相关的场景。

Giphy：专门提供动图的网站，我们能看到的 gif 动图几乎都可以在这个网站上找到。

PngImg：这个网站号称是最大的原素材图库，分类非常清晰，可以免费下载。

PPT：做图效率高，对图片没有特殊要求。

Photoshop：高级图像处理软件，但是学习成本很高。

美图秀秀：Photoshop 的极强缩略版，上手门槛低。

创客贴：在线作图，提供大量的现成素材，出图效率非常高，推荐使用。

5. 图文排版工具

秀米：公众号排版软件，我们看到的大部分好看的文章，几乎都是用秀米等第三方编辑器排版出来的。

i 排版：用于排版的软件，主要用于微信公众号的内容排版和美化。

B. 发文平台

知乎：没有门槛，适合新手发布文章。

头条号：适合自媒体人发文和变现的平台之一。

简书：适合新手练笔。

微信公众号：很多人首选的发文平台，但是内容封闭，对于新手不建议专做。

参考文献

[1] 简·博克,莱诺拉·袁. 拖延心理学 [M]. 蒋永强,译. 北京:中国人民大学出版社,2009.

[2] 麦格尼格尔. 自控力 [M]. 王岑卉,北京:印刷工业出版社,2012.

[3] 斯蒂芬·盖斯. 微习惯 [M]. 桂君,译. 南昌:江西人民出版社,2016.

[4] 詹姆斯·克利尔. 掌控习惯 [M]. 迩东晨,译. 北京:北京联合出版公司,2019.

[5] 海蒂·格兰特·霍尔沃森. 成功,动机与目标 [M]. 汤珑,译. 南京:译林出版社,2013.

[6] B.J. 福格. 福格行为模型 [M]. 徐毅,译. 天津:天津科技出版社,2021.

[7] 李中莹. 重塑心灵 [M]. 北京社:北京联合出版公司,2015.

[8] 吉姆·柯明斯. 蜥蜴脑法则 [M]. 刘海静,译. 北京:九州出版社,2016.

[9] 简·麦戈尼格尔. 游戏改变世界 [M]. 闾佳,译. 杭州:浙江人民出版社,2012.

[10] 乔纳森·海特. 象与骑象人 [M]. 李静瑶,译. 杭州:浙江人民出版社,2012.

[11] 卡尔·纽波特. 深度工作 [M]. 宋伟,译. 南昌:江西人民出版社,2017.

[12] 米哈里·契克森米哈赖. 心流 [M]. 张定绮,译. 北京:中信出版社,2017.

[13] 安德斯·艾利克森,罗伯特·普尔. 刻意练习 [M]. 王正林,译. 北京:机械工业出版社,2016.

[14] W.Bruce Croft,Donald Metzler,Trevor Strohman. 搜索引擎 [M]. 刘挺,秦兵,张宇,等译. 北京:机械工业出版社,2010.

[15] 芭芭拉·明托.金字塔原理[M].汪洱,高愉,译.海口:南海出版公司,2010.

[16] 罗伯特·L.索尔所,金伯利·麦克林,奥托·H.麦克林.认知心理学[M].邵志芳,等译.上海:上海人民出版社,2019.

[17] 宁梓亦.记忆宫殿[M].北京:中国纺织出版社,2018.

[18] 彼得·德鲁克.卓有成效的管理者[M].许是祥,译.北京:机械工业出版社,2019.

[19] 吉姆·兰德尔.时间管理[M].舒建广,译.上海:上海交通大学出版社,2011.

[20] 刘未鹏.暗时间[M].北京:电子工业出版社,2011.

[21] 吉姆·洛尔,托尼·施瓦茨.精力管理[M].高向文,译.北京:中国青年出版社,2015.

[22] 尼克·利特尔黑尔斯.睡眠革命[M].王敏,译.北京:北京联合出版公司,2017.

[23] 约翰·瑞迪,埃里克·哈格曼.运动改造大脑[M].浦溶,译.杭州:浙江人民出版社,2013.